蔡仁厚 著

孔門弟子志行考述

臺灣學生書局印行

自序

二十世紀的人，失去了一個有意義的世界，也失去了一個真實的自我。「什麼是人格的型範」？這該是何等重要的事！而在今天，卻已成為一句迂拙的問話了。這真是一個虛無的時代，真美善的標準，學問的義法與分際，乃至於「意義」本身的意義，全都遭到極大的攪擾，而混亂了。我們可以這樣說，「由於眾生顛倒，乃造成顛倒眾生的逆流」。一個人不鄭重自己，便什麼都不鄭重了。這個時代之所以不可愛，照我看，主要是人們感到「日暮途窮」，因此就「倒行逆施」。當前的人類，是沒有「天地悠悠」的情懷，更沒有「天長地久」的信念了。所以一切都露「短命相」，一切都只是「苟」。孔子說：「君子無所苟而已矣」。所謂「志行」，亦只是「無所苟」而已。而孔門弟子，便正是一群「不苟」的人物。

孔子是一個有道的生命，他承奉天命來作昏沉無道的時代的木鐸。他的人格精神，使一群光明俊偉的青年深受感動；他走到那裡，他的人格精神之振幅，便擴散到那裡。大家追隨著他周流四方，失道絕糧，而卻心志彌堅，仰敬彌篤。他們嚮往著一個道德文化的理想，他們踐行著一個生命的浩浩大道。他們的活動，在華夏文化的國度裡映現出一幅美麗生動的畫面。只是充盈於那個畫面之上的彩繪與線條，不是丹青，而是貞定篤實的情志，撥亂返治的心願，與未喪斯文的信念。孔門弟子並沒有成就顯赫的事功，但他們弘揚聖道，傳續文化的德業，便已足以永世不磨了。當然，孔門諸賢的生活行事，有一些亦並不適合現代人去模倣學步——這也是不必要的。一個仰慕希臘哲人的人，難道要對他們的生活行徑亦步亦趨麼？同理，我們亦不應該以現代人的生活觀念去批評先賢。人類生活的基本理則雖然古今相通，但生活之迹，卻永遠是屬於時代的東西；該延續的便自然延續下來，不能存留的自然為各個時代的浪濤淘盡了。現在要緊的是，看我們對於這些生命人格能有多少了解；通過我們的了解，又能否使自己知所感發，以湧身百世上，見賢而思齊。

孔門諸子，都是天挺人豪。但平常大家只會說一句「孔門弟子」，「七十子之徒」之類的概括性的話，我們彷彿不太能夠感覺到他們的才情聲光與生命奇采。這個困惑，就我個人來說，是在十多年前讀了唐君毅先生的《孔子與人格世界》之後，纔恍然有悟的。唐先生分人格型態為六種：⑴純粹的學者、事業家型；⑵天才型；⑶英雄型；⑷豪傑型；⑸偏至的聖賢型；⑹圓滿的聖賢型。而孔門弟子都是有志於聖賢而拔乎流俗的豪傑之士。如像曾子，他說「士不可以不弘毅，任重而道遠」。又說「自反而縮，雖千萬人吾往矣」。這是何等豪傑氣概！而子路的豪傑氣，尤其常常表現在他的言行之間。堂堂乎的子張，「尊賢而容眾，嘉善而矜不能」，此即肝膽照人，推心置腹的英雄襟度。子貢才情穎露，類乎天才。文學科的子游、子夏，較近於學者。政事科的冉有，則近乎長於計劃的事業家。顏子默然渾化，坐忘喪我，「一簞食，一瓢飲，在陋巷」，與現實世界似乎略無交涉；對聖人之道，只有「仰之彌高，鑽之彌堅，瞻之在前，忽焉在後」的贊歎，此則特具宗教性偏至聖賢的超越精神。但他們都涵育在孔子的聖德教化之中，未嘗以天才、英雄、豪傑、宗教性之人格顯。他們的才情聲光，在孔子面前放平了，渾化了；他們的人格精神，在孔子的德慧感潤之下，同一化於孔子，而歸於永恆。我們常常感到論贊聖賢，措辭為難，這該是真正的原因所在。然而，仰慕與崇讚聖賢人格，和了解構成這個人格世界的人物之生平志行，總是應該而且必要的事。所以我雖自度淺陋，深知僭妄，仍利用教學之暇，勉力寫成此書。

本書的「考」，大體食前人之功，雖費時費力，而創獲甚少；本書的「述」，則頗列私見，自謂有一得之愚。雖然所考的，未必「完全合乎事實」（這亦幾乎是不可能的）；所述的，亦未必「周洽無誤」，更何況見仁見智，看法不同。不過，凡我所說，都是本乎我之所信，而我亦是抱著誠懇的願望，想來重現一個人格世界的。孔門弟子的精神面目，已在我們的印象裡封存得太久了，不僅是模糊而已。而多少年代以來，我們又不善於讀《論語》，以是，亦就很不容易接上孔門的德慧生命。在我讀到過的一些簡略而乾冷的弟子考之類的篇章裡，亦似乎不十分能夠接觸到這些人物的生命人格與性情志行。而這些，卻是本書想要盡心致力的地方；但到底能夠做到多少，則有待讀者的評判和明教了。

《史記・孔子世家》說，孔子弟子「蓋三千焉，身通六藝者七十有二人」。而〈仲尼弟子列傳〉共載七十七人，其中年歲生平不可確考的竟又超過半數，可見史文有闕，自古已然。本書〈孔門弟子名表〉雖然亦根據弟子傳列敘七十七人，但正文所述三十人，則是以他們的名氏是否見載於《論語》以為準。《論語》不載而生平略可考見的，則附述於弟子名表備考欄內。另再作〈孔門師弟年表〉，自孔子生年起至孔子卒後五十四年止，擇要地記載孔子以及門弟子的生卒年歲與重要行事。二表之作，一方面是為了便於查考，一方面亦是想為讀者提供比較具體的歷史人物之時代背景，以加強讀書的效果，增添讀書的情味。

本書三、四、五、六、七、八、九、一二、一三、一四、一六、二一各篇，於五十五年二月起，絡續發表於香港《人生雜誌》；而子路一文，並由國立政治大學編入導師制用書之四：「大學生的修養」第三輯。茲當成書印行之際，併致謝忱。

今年農曆新年，是先祖父輔卿公謝世二十周年忌辰。他的愷悌慈祥，誠樸儉約，以及表現在生活事業上的勤奮、建構之精神，是我永遠仰念不忘的。現在謹以這本小書紀念他，是要永祈他在天之靈，隨時呵護我，支持我，使我奮勉不懈，以免辱沒了他的令德和家聲。

蔡仁厚自序於臺中寓舍　民國五十八年春月

孔門弟子志行考述

目 次

一、復聖顏子

顏子之學

顏子名回，字子淵。魯人，少孔子三十歲。與父顏路同事孔子，在孔門最稱高第，後世尊為「復聖」。

《論語》記載顏子為學的章節不少，但其中除了孔子對顏回好學的稱美，便是顏子對孔子之道的贊歎。所以要想論述顏子之學的內容，那是一件極為困難的事。現在我們且先引述《論語》所記，來看看顏子好學、樂學的情景。

子曰：「語之而不惰者，其回也與！」（〈子罕〉——與同歟）

子曰：「吾與回言終日，不違如愚。退而省其私，亦足以發，回也不愚。」（〈為政〉）

顏子對於孔子的訓誨，心解力行，永不懈怠。他終日陪侍孔子之側，靜靜聆聽教言，而沒有一句問難的話，彷佛是個愚人；但觀察他私下的議論，卻又能暢發夫子旨意，他不是真愚，只是大智「若愚」而已。《論語》又載：

子曰：「回也，非助我者也！於吾言無所不說。」（〈先進〉——說同悅）

學生對老師之言，無所不悅，當然是好學生。但教學要能相長，所謂「道本無窮，問愈多則微旨愈顯。聖人每因門人問難，始發揮詳盡，故曰助我。若顏子聞一知十，胸中了然，如何有問難？」（王陽明語）沒有問題，便不能收到「相長」之效，故曰「回非助我者」。不過，我們也可想見孔子說這話的時候，實在掩不住滿心的歡愉的。所以朱注云：「其辭若有憾焉，其實乃深喜之。」

孔子說過：「知之者不如好之者，好之者不如樂之者」。顏子便是一個由「好之」而進到「樂之」的人，〈雍也〉篇載：

子曰：「賢哉回也：一簞食，一瓢飲，在陋巷，人不堪其憂，回也不改其樂。賢哉回也！」

食音似，飯也。簞是盛飯的竹器。程子曰：「顏子之樂，非樂簞瓢陋巷也；不以貧窶累其心，而改其所樂也。」又曰：「簞瓢陋巷非可樂，蓋自有其樂爾。」又曰：「昔受學於周茂叔（濂溪），每令尋孔顏樂處，所樂何事？」朱注云：「程子之言，引而不發，蓋欲學者深思而自得之。今亦不敢妄為之說，學者但從事於博文約禮之誨，以至於欲罷不能而竭其才，則庶乎有以得之矣。」今按：簞瓢陋巷的生活，不但沒有什麼可樂，而且是人所不堪之憂；顏子不同於常人者，只是樂而忘憂耳。顏子之樂，自然是安貧樂道、樂天知命之樂。孔子說：「飯疏食，飲水，曲肱而枕之，樂亦在其中矣。」（〈述而〉）顏子之樂，正與孔子相同。但這種樂，不是由知解而得，而是從真實的道德實踐中來。一個沒有向學之心，而慕道不切的人，是不能想像孔顏之樂的。換言之，一個人如不經過這一段真實的生活，就不可能體驗出其中的樂趣。而一般的言說講論與指點，只不過能啟人之志開人之意而已。所以程子「引而不發」，朱子亦「不敢妄為之說」，因為「如人飲水，冷暖自知」，說苦說樂，都要親嘗。程子朱子不願說破，實在是婆心彌切了。

顏子對孔子之教，真是「悅之深，力之盡」。《莊子．田子方》篇曾記載他的話說：「夫子步亦步，夫子趨亦趨，夫子馳亦馳；夫子既奔逸絕塵，而回也瞠乎其後矣。」顏子這種「雖欲從之，末由也已」的感覺，當然還是《論語．子罕》篇說得最好：

顏淵喟然歎曰：「仰之彌高，鑽之彌堅，瞻之在前，忽焉在後。夫子循循然善誘人，博我以文，約我以禮，欲罷不能。既竭吾才，如有所立，卓爾；雖欲從之，末由也已。」

由顏子的話，可以看出對孔子之道，見之益發親切，便益發覺得無所用其力。朱注引楊（龜山）氏曰：「自可欲之善，充而至於大，力行之積也；大而化之，則非力所能及矣。」他是舉孟子的話，來說孔子所達到的境界。《孟子》說：「可欲之謂善，有諸己之謂信，充實之謂美，充實而有光輝之謂大」，楊氏以為這幾句話，是力行之積，是可以用得上力的。而再下面一句「大而化之之謂聖」，則非力行所能及，是著力不得的。孔子的造詣，正已進入大而化之的聖境。蓋道體流行，無所不在；而亦不滯不碍，而無所在。孔子既已進於「仰之彌高，鑽之彌堅，瞻之在前，忽焉在後」之境，則其德慧生命，正是道的體現，所以顏子「欲從末由」。因為人格精神是一個活體，不像「文」「禮」之可以據之用力，而博之約之也。顏子學孔子，其所得駕乎同門之上，所以形容聖人，亦能這樣善於措辭。

不過，顏子這段話，卻不是無可奈何的感慨，而是見道之後的由衷的贊歎。他是有一種「欲罷不能」的自得之樂的。所以楊子《法言》說：

「顏不孔，雖得天下不足以為樂。」「然亦有苦乎？」曰：「顏苦孔之卓之至也。」或人瞿然曰：「茲苦也，祇其所以為樂也歟！」（〈學行〉篇）

為學之苦處，正是為學之所以樂處。會得此意，便可許以懂得學問三昧。後來陽明弟子王心齋說：「樂是樂此學，學是學此樂。」到得顏子地步，這便是真實之言。

顏子之德

顏子在孔門列於「德行」之科，而名居十哲之首。孔子稱他：

「不遷怒，不貳過。」（〈雍也〉）

遷、移也。喜怒之情，因事而發；可喜可怒的是在作為對象的事上，而不是在我之心。心，所以應萬事者。物來而順應，依理而事有可喜則喜之，有當怒則怒之；所以古人說「人情所不能已者，聖人弗禁」。但如遷怒於他人他事，那就是怒入於心而不能化了。且怒本在甲而遷於乙，乙何以堪？平白使一個沒有過錯的人難堪，便是不仁。而顏子能夠「不遷怒」，所以孔子稱道他。貳、復也。不貳過，謂偶有過失，而後不復犯也。〈易傳〉云：

「顏氏之子，其殆庶幾矣乎！有不善，未嘗不知；知之，未嘗復行也。」（〈繫辭下〉）

有不善未嘗不知，知之未嘗復行，這就是「不貳過」。朱注引程子曰：「如顏子地位，豈有不善？所謂不善，只是微有差失。纔差失，便能知之；纔知之，便更不萌作。」我們人類最可貴的稟賦之一，就是能夠通過反省而知是知非。一般人之所以仍不免常有差失，那是由於知之不夠真切；或當時雖已深切悔悟，但因一日曝之，十日寒之，過些時又往往重犯舊過。顏子「微有差失，便能知之；纔知之，便更不萌作」，這就是他大過人處。而顏子的德行修養所以能夠達此境地，則是由於他「擇乎中庸」之故。孔子說：

> 「回之為人也，擇乎中庸。得一善，則拳拳服膺而弗失之矣。」（《中庸》）

中庸，是「民鮮久矣」的「至德」。程子說：「不偏之謂中，不易之謂庸。中者，天下之正道；庸者，天下之定理。」顏子能夠擇乎中庸，服膺弗失，所以他能「三月不違仁」。《論語》載：

> 子曰：「回也，其心三月不違仁；其餘，則日月至焉而已矣。」（〈雍也〉）

朱注：「三月，言其久也。仁者，心之德。心不違仁者，無私欲而有其德也。日月至焉者，或日一至焉，或月一至焉，能造其域而不能久也。」按《孟子》說：「仁、人心也。」所以朱子以「仁」為「心之德」。心本無有不仁，但當它為私欲所蔽，則雖有此心而無此德，這便是所謂「違仁」。如去得私欲淨盡，則有此心便能有此德，這便是所謂「心不違仁」了。又《朱子語類》云：「不違，是仁在內為主，日月至，是仁在外為客。」顏子以仁為安宅，是「居仁」，是仁能在內為之主，所以說「其心三月不違仁」。其餘（群弟子）是「欲仁」，我欲仁則斯仁至，故日至焉，月至焉；但雖屢至而終不能久住久安，這時，「仁」便彷彿在外為客了。但所謂在外為客，只是人心之仁為私欲隔斷，不能常主我心之意；並不是說在人心之外，別有一個為客之仁。須知仁不能離心而存，朱子為客之說，只是譬喻而言之。

顏子之德，大體可當「溫潤和粹」四字。所以程子說：「顏子，和風慶雲也。」又說：「顏子示不違如愚之學於後世，有自然之和氣，不言而化者也。」（《二程遺書》）孔子嘗謂：「天何言哉？四時行焉，百物生焉，天何言哉？」（〈陽貨〉）顏子能夠「不言而化」，可知孔子之學，確以顏子所得為獨多。因此，明道又說：「顏子默識，曾子篤信，得聖人之道者，二人也。」（《二程遺書》）《論語》曾記載一段曾子稱道顏子的話：

「以能問於不能，以多問於寡，有若無，實若虛，犯而不校；昔者，吾友嘗從事於斯矣。」（〈泰伯〉）

曾子所謂「吾友」，即指顏子，這是馬融以下歷代諸儒無異議的。能問不能，多問寡，當然是謙德。但在顏子卻不是故作謙虛。這個意思，朱子〈論語或問〉所引洪氏之言說得甚好，他說：「吾固能矣，豈不猶有所未能？彼固不能，然或不能於此，而能於彼也。吾固多矣，豈不猶有所闕？彼固寡矣，然或失於此，而得於彼也。」問於二語，是形容平易謙沖之度，若無若虛二語，則再申釋其意。「問」以事言，「若」以心言。徐幹《中論．虛道》篇云：「人之為德，其猶虛器歟！器虛則物注，滿則止焉。故君子常虛其心，不以逸群之才，加乎眾人之上；視彼猶賢，自視猶不足也。」所謂「視彼猶賢，自視猶不足」，與顏子言志時所說的「願無伐善，無施勞」（解見下節），都是此章「有若無，實若虛」的意思。犯而不校，是說別人無故犯我，而不予計較之意。王龍溪曰：「顏子立於無過之地，未嘗獲罪於人，人自犯之，始可言不校。今人於患難之來，動欲以犯而不校自處，非也。我以非理加人，人以非理答我，此乃報施之常，所謂出爾反爾，烏得謂之犯？必有孟子之自反（按指〈離婁下〉橫逆之來章之意），然後可進於顏子之不校。」日人竹添光鴻《論語會箋》云：「此章是曾子企慕顏子，而學其所學也。《大戴禮記．曾子疾病》篇載曾子謂曾元、曾華曰：吾無夫顏氏之言，何以語汝哉！知顏子為曾子所敬服也。以能問於不能五句，見曾子當下著力處。當時若直就吾說起，便不見得此段光景。惟虛提事在前，而因以想像吾友，則婉轉之思，乃溢於言外。嘗從事於斯矣，直見得曾子心慕力追，踐履篤行處，方不是空悼人琴。」

在孔門，顏子是先進，曾子是後進。曾子欽仰顏子之德，心慕之，力追之，終繼顏子而傳孔子之道。師弟相承，同門接踵，這纔真是所謂「先進」「後進」的千古儀型。

顏子之志

《論語》與古籍中，有關孔門師弟言志的記載很多；茲引二則以見顏子之志。《論語・公冶長》篇載：

顏淵季路侍，子曰：「盍各言爾志？」子路曰：「願車、馬、衣、裘，與朋友共，敝之而無憾。」顏淵曰：「願無伐善，無施勞。」子路曰：「願聞子之志。」子曰：「老者安之，朋友信之，少者懷之。」

朱注：「伐、誇也。善、謂有能。施、亦張大之意。勞、謂有功；易曰勞而不伐是也。」按無伐善，是不著己能，惟備其在我；無施勞，是不矜己功，惟竭力為人。安之、信之、懷之三「之」字，分別指老者、朋友、少者。對老者養之以安，並要使他們真能安於我之奉養。對朋友交之以信，並要使他們真能信於我之交接。對少者懷之以恩，並要使他們真能懷於我之撫育。（按、懷字不易言說，茲且以母子為喻。小兒長育於母懷，而即懷於母之撫育；母施恩，兒受恩，皆自然而然，此所謂懷也。使我撫育少者，有如父母之於子女；少者受我之撫育，亦如子女之於父母，此方是少者懷之之意。）孔子之志，是願萬物各得其所，各遂其生，所以是天地情懷。顏子之「無伐善，無施勞」，則如老子所謂「生而不有，為而不恃，功成而不居」。他只是「無私」，只是「盡己」，但亦庶乎仁者之境了（程子曰：孔子安仁，顏子不違仁）。孔子「不思而得，不勉而中，從容中道」（《中庸》語），而顏子則猶有待於思、勉，所以程子說：「顏子之言不及孔子。無伐善，無施勞，是顏子性分上事。孔子安之、信之、懷之，是天理上事。」所謂天理上事，便是不思不勉，安然而行。然聖人雖可學而至，而不可幾而及，所以程子又說：「學者當學顏子，入聖人為近，有用力處。」（皆見《二程遺書》）

此外，還有一段並見於《韓詩外傳》、《說苑》、《孔子家語》的記載，可以看出顏子在政教方面的志抱，綜述如下：

孔子北遊農山，子路子貢顏淵侍。孔子曰：「二三子，盍各言爾志，吾將擇焉。」子路曰：「願得白羽若月，赤羽若日；鐘鼓之音，上聞於天；旌旗翩翻，下蟠於地。由且舉兵而擊之，必也攘地千里，獨由能耳。」孔子曰：「勇哉士乎！憤憤者乎！」子貢曰：「賜也，願齊楚合戰於莽洋之野，兩壘相當，旌旗相望，塵埃相接，接戰構兵。賜願縞衣白冠，陳說白刃之間，以解兩國之患，獨賜能耳。」孔子曰：「辯哉士乎！僊僊者乎！」顏淵退而不對。孔子曰：「回！來！汝獨無願乎？」顏淵曰：「文武之事，二子已言之。回聞薰蕕不同器而藏，堯桀不同國而治，以其類異也。回願得明王聖主輔相之，敷其五教，導之以禮樂。使民城郭不修，溝池不越；鑄劍戟以為農器，放牛馬於原藪；室家無離曠之思，千里無戰鬥之患。則由也無所施其勇，賜也無所施其辯矣。」孔子凜然曰：「美哉德乎？姚姚者乎！」子路抗手而問曰：「夫子何選焉？」孔子曰：「不傷財，不害民，不繁詞，則顏氏之子有矣。」

顏子這種德化政治的嚮往，正是大同社會的景象。然而明王不出，世衰道微，顏子雖有禹稷之才，而無禹稷之遇，所以終不能抒其志抱，康濟天下。

顏子之才

大賢以上不論才，大才亦終不以才顯，然顏子自有其才。孟子說：「得志，澤加於民，不得志，修身見於世。窮則獨善其身，達則兼善天下。」（〈盡心上〉）要想澤加於民，兼善天下，自必行道於世；要行道於世，非大才其孰能任之？而顏子便是具備行道於世的才德的人。《論語》載：

子謂顏淵曰：「用之則行，舍之則藏，惟我與爾有是夫！」（〈述而〉）

行、藏，皆就道而言，人苟無道，則用之無可行，捨之無可藏。顏子身有此道，而又能得行藏之宜——見用則能行道於世，不見用則能藏道於身，所以孔子特別稱許他。又〈衛靈公〉篇記載：

顏淵問為邦，子曰：「行夏之時，乘殷之輅，服周之冕，樂則韶舞。」

朱注：「顏子王佐之才，故問治天下之道。曰為邦者，謙辭也。」《論語》記載弟子「問政」之言甚多，而顏子獨問「為邦」，的確有點不同。為字，實含興革創制之義，此看孔子之答可知。《呂氏春秋．察今》篇說：「變法者，因時而化。夫不敢議法者，眾庶也；以死守者，有司也；因時變法者，賢主也。」春秋末葉，周文衰弊，顏子有志興革，所以孔子損益四代禮樂以答之。古時王者受命，一定要改正朔，以新天下耳目。以是夏正建寅，殷正建丑，周正建子。夏正即現在所稱的陰曆，殷正以陰曆十二月（丑月）為歲首，周正以陰曆十一月（子月）為歲首。三代之曆，以夏曆最合農時，所以又稱農曆。孔子最重民生（農事），故主張行夏之時。輅、亦作路，謂行於道路也。古時以木為車，到了周代飾以金玉，而稱無金玉之飾者為木輅；實則夏之鉤車，殷之大輅，周之乘輅，都是木輅。周輅文而過侈，夏車則太質樸，唯有商輅既朴素渾堅，又有大輅、先輅、次輅之制（見《禮記・郊特牲》），質而得其中，所以孔子取之。冕、冠之貴者，祭祀與大禮皆用之。朱注云：「周冕有五，祭服之冠也。冠上有覆，前後有旒，黃帝以來蓋已有之，而制度儀等，至周始備。然其為物小，而加於眾體之上；故雖華而不為靡，雖費而不為奢。夫子取之，蓋亦以為文而得其中。」韶、舜之樂名，此稱韶舞，乃兼樂聲與樂容而言之。樂則韶舞者，取其盡美盡善，欲以樂教化民成俗，使歸於中正和平耳。孔子此章所言，一方面是損益先王之禮，一方面亦是斟酌當世之宜。我們如真能體認孔子因革損益以求時中之意，則得意而忘言，亦便可在夏時、殷輅、周冕之外，契會孔子與時俱進的精神了。孔顏之世，正宜有所興革，可惜孔子有其德而無其位，而顏子又短命而死，宜乎子貢慨乎言之：

> 「夫能夙興夜寐，諷誦崇禮，行不貳過，稱言不苟，是顏回之行也。若逢有德之君，世受顯命，不失厥名，以御於天子，則王者之相也。」（《孔子家語・弟子行》）

子貢之後，孟子、二程、象山都盛讚顏子。孟子說：「禹稷顏回同道。」（〈離婁下〉）程子說：「顏子作得禹稷湯武事功。」（《二程遺書》）象山則盛稱顏子精神高，承當得過。他說：

「顏子為人，最有精神，然用力甚難。仲弓精神不及顏子，然用力卻易。顏子當初仰高鑽堅，瞻前忽後，博文約禮，遍求力索；既竭其才，方如有所立卓爾。逮至問仁之時，夫子語之，猶下克己二字，曰：「克己復禮為仁」。又發露其旨曰：「一日克己復禮，天下歸仁焉」。既又復告之曰：「為仁由己，而由人乎哉？」吾嘗謂此三節，乃三鞭也。至於仲弓之為人，則或人嘗謂「雍也，仁而不佞」。仁者靜；不佞，無口才也。想其為人，沖靜寡思，日用之間，自然合道。至其問仁，夫子但答以出門如見大賓，使民如承大祭，己所不欲，勿施於人。只此便是也。然顏子精神高；既磨礱得就，實則非仲弓所能及也。」

「顏子聞夫子三轉語，其綱既明，然後請問其目，夫子對以非禮勿視、勿聽、勿言、勿動。顏子於此，洞然無疑，故曰：回雖不敏，請事斯語矣。……看顏子，須看『請事斯語』，直是承當得過。」

「顏子問仁之後，夫子許多事業，皆分付顏子了。故曰：用之則行，舍之則藏，惟我與爾有是。顏子沒，夫子哭之曰：天喪予。蓋夫子事業，自是無傳矣。曾子雖能傳其脈，然參也魯，豈能望顏子之素蓄！幸曾子傳之子思，子思傳之孟子，夫子之道，至孟子而一光。然夫子所分付顏子事業，亦竟不復傳也。」（皆見《陸象山全集》、

《語錄》）

照象山所說，可使南面的仲弓，與能傳孔子之道的曾子，皆非顏子之比。仲弓無顏子之精神（象山用精神二字，煞好），而曾子無顏子之才（能傳道不能行道）；蓋弘道要有精神，行道要有才具，顏子兼之，此所以不可及也。

顏子之喪

顏子一生，幾乎沒有離開孔子之側。畏於匡，過宋，戹於陳蔡，都有顏子隨侍。《論語》載：

> 子畏於匡，顏淵後，子曰：「吾以女為死矣！」曰：「子在，回何敢死？」（〈先進〉——女同汝）

匡、地名。民間私鬥曰畏，匡人圍孔子，亦算是私鬥，所以說「畏於匡」。匡人之難，弟子失散，事後纔又漸次會聚，而顏子後到；孔子一直擔心他的安危，如今見他到來，驚喜交集，所以說「吾以汝為死矣」。顏子答道「回何敢死」，是說不敢輕身赴鬥而死。人死於私鬥，非義也，況且孔子尚在，如顏子者，有明道傳道之責，其不可輕死，一也。父母在，子不敢輕身行殆，顏子事孔子如事父（見〈先進〉篇），是以不敢輕死，二也。聖賢不苟死，顏子雖失後，然深信夫子之必生，故自己不敢輕身赴鬥，三也。我們看這一問一答，不但可從而了悟死生之義，而其師弟情深，更是千古如見。

七十子皆身通六藝，各有所造，而孔子獨稱顏子為好學。因為他好學（程子說顏子所好之學是「學以至聖人之道」），所以亦最能了解孔子。《史記・孔子世家》記載孔子厄於陳蔡，絕糧；子路慍，子貢色作，於是孔子乃用同一句話來開導弟子，他說：「詩云：匪兕匪虎，率彼曠野（我們既非犀牛，亦非老虎，竟然循行於曠野之中）。吾道非邪？吾何為於此？」子路子貢的回答，都遭孔子駁回了。最後顏子說：「夫子之道大，天下莫能容。雖然，夫子推而行之，不容何病？不容，然後見君子。夫道之不修，是吾醜也；道已大修而不用，是有國者之醜也。不容何病？不容，然後見君子。」顏子的話，把孔子「知其不可而為之」的淑世精神充分表出了，所以最為孔子知音。可惜這位聖門第一好學的顏子，卻不幸短命死了。顏子死後，孔子還常常想念他，對門弟子說：「惜乎！吾見其進也，未見其止也！」（〈子罕〉）惜乎者，惜顏子之早死也。顏子方進而未已，如果天假以年，他的造詣豈可限量！顏子死時，只有四十一歲。據《論語》載：

顏淵死，子曰：「噫！天喪予！天喪予！」（〈先進〉）

天喪予，猶云天亡我也。當顏子死的時候，孔子已經七十一歲的高齡，傳道與行道的希望原都寄託在顏子身上，而今英年摧折，難道果真是「天之將喪斯文」麼？聖懷愴痛，所以發此傷歎。〈先進〉篇又載：

顏淵死，子哭之慟。從者曰：「子慟矣！」曰：「有慟乎？非夫人之為慟而誰為！」

慟、哀傷之過而不自知也。孔子已哭之慟了，而他卻不自知其已慟，這是何等深情！孔子對顏子愛之深、期之切，過於其他弟子，今則短命死矣！天之喪予，而尚能不哀慟乎？——我以為《論語》文字，以此章最為感人，至情至文，如非聖門之賢，誰能及此？後世痛悼文章，宛轉哀絕，雖亦是情文之真，然孰與此寥寥數語者！

顏子既卒，同門欲厚葬之，而孔子不可；但群弟子終以尊顏子之故，而予以厚葬。孔子說：

「回也，視予猶父也，予不得視猶子也？非我也，夫二三子也！」（〈先進〉）

凡喪葬之具，應該與其家財之有無相稱，家貧而厚葬，便不合禮。顏子事孔子如事父，孔子亦視顏子如己子。顏子家貧，依禮不宜厚葬，所以當顏路請賣孔子之車以為顏子置槨時，孔子即以伯魚死時亦有棺無槨而婉拒之（參看二十六顏路節）。孔子豈吝惜一車哉？視顏子一如伯魚，不願顏子之葬有違禮意耳。但孔子是個「不為已甚」的人，而群弟子尊親顏子之深情厚意，又不是孔子所能強加制止的，所以門人亦終於厚葬了顏子。門人之必欲厚葬，是不容已之情；孔子之不允，則是不可逾越之義。情義俱盡，各當其可。即起顏子於地下，亦將依從孔子之義，而難拒同門之情矣。

二、宗聖曾子

曾子之孝

曾子，姓曾名參（音森），字子輿。魯之南武城人，少孔子四十六歲。據元和姓纂，夏少康封少子曲烈於鄫。春秋魯襄公六年，莒人滅鄫；鄫太子巫奔於魯，遂去邑為曾氏。巫生阜，阜生皙；皙即曾點，為曾子之父。

曾子事親至孝，他的孝行，記傳稱述頗多。而孟子更以他為孝子養親的型範。據〈離婁上〉載：

曾子養曾皙，必有酒肉。將徹，必請所與；（食畢將徹去，必請於父曰：此所餘者與誰？）問有餘，必曰「有」。（父問酒肉尚有餘否，必答曰有，蓋恐父將以與人，故即無亦曰有，以期順親之心而遂親之志也。）曾皙死，曾元養曾子，必有酒肉，將徹，不請所與；問有餘，曰「亡（同無）矣」！將以復進也。此所謂養口體也。若曾子，則可謂養志也。事親若曾子者，可也。

養親必有酒肉，是口體之養。能夠體親之心，順從而且滿足親之意願，便是「養志」。口體之養只是孝行之小者，要能養志，纔算大孝。曾子能養志，所以孟子特加稱道。孟子又說：

曾晳嗜羊棗，而曾子不忍食羊棗。公孫丑問曰：「膾炙與羊棗孰美？」孟子曰：「膾炙哉！」公孫丑曰：「然則何為食膾炙，而不食羊棗？」曰：「膾炙，所同也；羊棗，所獨也。（膾、細切肉，炙、燔肉。膾炙、人所同嗜；羊棗、親所獨嗜。）諱名不諱姓，姓所同也，名所獨也。」（〈盡心下〉）

人所同者，不必避諱。故為人之臣與子者，只諱君父之名而不必諱其姓。膾炙、既是人所同嗜，所以曾子亦食之。至於羊棗，則是曾晳獨嗜之物；曾晳既沒，曾子每見羊棗，便想此是亡親之所嗜，因而不忍獨食。曾子是一個純孝的人，所以於一飲一食之細，亦見其慕親之切。孟子說：「大孝終身慕父母」。（〈萬章上〉）這句話，曾子可以當之無愧。《韓詩外傳》記載：

曾子每讀喪禮，泣下沾襟，曰：「往而不可還者，親也；子欲養而親不待，是故椎牛

> 而祭，不如雞豚之逮（及）親存也。吾嘗在齊為吏，祿不過鐘釜，尚欣欣而喜者，非以為多也，樂其逮親存也。親沒之後，吾嘗南遊於楚，得尊官；堂高九仞，榱題三尺，轉轂百乘，然猶北面而泣涕者，非為賤也，不逮吾親也。」

「椎牛而祭，不如雞豚之逮親存也」。曾子此言，真是道出了萬千孝子的心聲。親存，雖飯蔬食，猶有餘香；親沒，則幽明路隔，音容渺渺矣。雖說誠敬而祭，亦可感格神靈，所謂「洋洋乎如在其上，如在其左右。」（《中庸》語）但這到底不是具體之真實，不能親接顏色，以使我之孝心得到一真實而具體之回應。所以歐陽修亦說「祭而豐不如養之薄也」。其言正與曾子同意。

當然，曾子之孝，又不僅限於事親而已。他認為孝是統括一切人生道德的。所以他說：

> 居處不莊，非孝也；事君不忠，非孝也；涖官不敬，非孝也；戰陣無勇，非孝也。
>
> （《禮記・祭義》）

總之，孝是一切德行的基始。人生稍一不慎，便足以辱沒其親。太史公說：「行莫醜於辱先」，一個人的行為辱及父母祖先，那就是大不孝了。

曾子的志節

曾子一方面是《中庸》所謂「庸德之行，庸言之謹，有所不足，不敢不勉；有餘不敢盡。言顧行，行顧言」的篤實君子。另一方面他又是一個志節堅貞弘毅，而有「當仁不讓」之豪傑精神的人。《論語》載：

曾子曰：「士不可以不弘毅，任重而道遠。仁以為己任，不亦重乎？死而後已，不亦遠乎？」（〈泰伯〉）

弘是弘大寬廣，毅是強毅堅忍。弘而且毅，然後乃能任重而道遠。仁以為己任，在主觀方面是一己之踐仁，客觀方面則是行仁道於天下。這都是無限的實踐過程，都是死而後已的事。苟非弘大剛毅者，如何能任其重而致其遠？曾子以此論士，正所以自述其志。所以他又說：

「可以託六尺之孤，可以寄百里之命，臨大節而不可奪也。君子人與（同歟）？君子人也。」（〈泰伯〉）

朱注云：「其才可以輔幼君，攝國政；其節至於死生之際而不可奪，可謂君子矣。」按君子者，成德之名。有才、而德之用以顯；有節、而德之守以固。章末二句，自問自答反覆歎美，是尋味可託、可寄、不可奪之口吻，不應作尋常疑信口氣看。凡是託孤寄命，不僅責任甚重，而處境亦往往甚危，而又須臨節不奪，則其道亦甚遠矣。人之節操如此，當然是君子之人。士君子仁以為己任，而「仁者必有勇」，所以能於死生存亡之際，操守貞固，不為所奪。孟子嘗記曾子之言曰：「吾嘗聞大勇於夫子矣。自反而不縮，雖褐寬博，吾不惴焉？自反而縮，雖千萬人，吾往矣！」（〈公孫丑上〉）縮、直也。惴、恐懼也。縮不縮，以理言；惴、往，以氣言。理直則氣壯，理不直則中心愧怍而氣先沮喪。而勇之所以為大，正因為它根於義理之故。君子義之與比，唯理是從，所以雖千萬人，吾往矣。孟子論浩然之氣，先言養勇；而謂孟施舍之養勇似曾子。然而「孟施舍之守氣，又不如曾子之守約也」。所謂守約，即「反身循理，以守義理之要也。」（朱注）人必有所守，而後乃能志節堅貞，不可搖動。所以曾子又說：「晉楚之富，不可及也。彼以其富，我以吾仁；彼以其爵，我以吾義。吾何慊乎哉！」（《孟子‧公孫丑下》）慊、恨，少也。亦即遺憾，不足的意思。仁義的價值，遠過於財富與爵位。有仁與義，生命自然充實飽滿，何至於見到晉楚之富，便覺得自己有所不足而引以為憾恨？孟子教人「說大人則藐之」，平常我們亦有「藐視名利權勢」的話；但不到曾子孟子地步，則為此言者，恐皆不免出於妬羨之情耳。

曾子的風義

德能感人之謂風，言行方直之謂義。風義為孔門所素重，而曾子便是最能表現師友風義的人。《禮記》載：

子夏喪其子而喪其明，曾子弔之，曰：「吾聞之也，朋友喪明，則哭之。」曾子哭，子夏亦哭，曰：「天乎！予之無罪也！」曾子怒曰：「商、女（同汝）何無罪也？吾與女事夫子於洙泗之間，退而老於西河之上；使西河之民疑女於夫子，爾罪一也。（鄭注：「言其不稱師也」。子夏不推尊夫子，致使西河之人疑夫子無以異於子夏，而不復知尊聖人，故曾子責之。或謂疑通擬，比也。謂子夏不尊師而尊己，故西河之人比子夏於夫子也。）喪爾親，使民未有聞焉（謂子夏喪親，西河之民未聞其有特異之孝行，有如其因喪子而喪明之類），爾罪二也。喪爾子，喪爾明，爾罪三也（哀傷失度，非君子之行）。而曰女何無罪與（同歟）？」子夏投其杖而拜曰：「吾過矣，吾過矣！吾離群而索居，亦已久矣！」（〈檀弓上〉）

曾子弔子夏喪明，是朋友之情；怒子夏自謂無罪而責之，則是朋友責善之義。子夏有此三罪而不自知，一方面是因為離群索居，失去朋友之切磋相輔；一方面亦是由於聲名已大，年輩已尊，攻錯之言不至，自反之功遂疏。今得曾子當頭一棒，歷數其罪，雖言詞峻切，而風義感人。我們只看子夏之投杖而拜，便可看出他警悟之切與感愧之深了。〈檀弓下〉又載：

子張死，曾子有母之喪，齊衰（音咨催，喪服也）而往哭之。或曰：齊衰不以弔。曾子曰：我弔也與（同歟）哉？

齊衰哭友，違於常禮，所以或人疑之。陳氏《集說》謂：「友義隆厚，不容不往哭之，又不可釋服而往，但往哭而不弔耳。故曰我弔也與哉！」按、守父母之喪不出弔，是禮之常；齊衰而往哭友，是禮之權。禮，不外乎人情。居母之喪，孝也；哭友之死，義也。曾子居母之喪而往哭死友，則衡情度理以取其權宜已耳。子張，是同門之賢者，今死矣！若不臨喪一哭，則何以解我哀慟之情，以盡朋友死生之誼？後儒或以母喪哭友，喻禮已甚，曾子必不如此；因而疑〈檀弓〉記載有誤，不可盡信。這真是迂執不通之見。孔子說：「可與共學，未可與適道；可與適道，未可與立；可與立，未可與權」（〈子罕〉）立身處世，待人接物，或守經，或行權，豈有定格？只是循理以求心安而已。孰謂拘拘於節文度數之末而毀情滅性者，乃得謂之知禮乎？曾子齊衰往哭子張，正見其情深義重，何可議也？

曾子不僅同門情深，朋友義重，而他對孔子人格精神的誠信篤敬，尤非他人可比。據《孟子》的記載，孔子卒後，子夏子張子游以有若似聖人，欲以所事孔子事有若，強曾子，曾子曰：

「不可！江漢以濯之，秋陽以暴（同曝）之，皜皜乎不可尚已！」（〈滕文公上〉）

曾子此言，真是風韻無比！陸象山幼時讀到這幾句話，便歎道：「曾子見得聖人高明潔白如此！」（見〈年譜〉）其後，於論及伊洛諸賢時，還說：「然江漢以濯之，秋陽以暴之，未見其如曾子之能信其皜皜。」（見〈與侄孫濬書〉）其推崇曾子可謂甚至。蓋見得真，而後信得定。「聖人者，人倫之至」；而師尊者，生命之所依歸也。此豈可以他人擬而代之？子夏子張子游，由於思念孔子之情太過深重，而亟欲復活孔子，使孔子之人格精神通過有若之言行體貌而具象化，其能在一具體之情境中以重溫師門之樂。由於深情之一往凝注，乃不自知有昧於理，竟要勉強曾子同意。此其深摯之情與孺慕之思，曾子豈有不知？然而尊師之禮不在於此，而重道之理亦不容為一時之情所奪，所以曾子斷然加以拒絕。不然的話，後世之人要是都來仿效子夏諸人之所為，試想那將成何體統？曾子說過，「君子以文會友，以友輔仁」，他這樣做，正是所謂輔仁。人能像曾子這樣尊信其師而愛友以德，便可說是能盡師友之風義了。

曾子傳道

孔門有傳道之儒，有傳經之儒。程明道說：「顏子默識，曾子篤信，得聖人之道者，二人也。」（《二程遺書》、劉質夫錄）陸象山亦以為「孔門惟顏曾傳道，他未有聞。」（《象山全集》、《語錄》、〈與李伯敏語〉）然顏子已先孔子而卒，故雖「三千之徒，蓋莫不聞其說，而曾氏之傳，獨得其宗。」（朱子〈大學章句序〉）自從韓愈言道統，說「孔子傳之孟軻，軻之死，不得其傳焉。」（《原道》）宋儒乃有「孔子傳曾子，曾子傳子思，子思傳孟子」之說。聖人之道，原無不傳之秘。然則前儒所謂「傳道」，其意果何所指？牟師宗三先生嘗言之：「凡道之傳，與技藝之傳不同，此是真實生命之事。師生相承只是外部之薰習，若夫深造自得，則端賴自己。然大端方向亦必有相契，方能說傳。否則倍師叛道，不得云傳。生命之事至為殊特，亦至為共通。若能相契，則前後相輝，創造即重複，所謂其揆一也。有引申，有發展，有偏注，有集中，然而不礙其通契。此之謂傳、夫孰謂如鸚鵡學語，一模一樣，計較量之多少，語之似不似，然後謂之傳與不傳耶？」（見《心體與性體》第一冊二五八頁）

後儒言曾子傳孔子之道，一、是根據《論語》忠恕一貫之說。二、是因為孔子之道，至孟子而大顯。由孟子向上回溯，而子思、而曾子，而孔子，乃形成一傳承之統。朱子以《大學》（屬曾子）、《中庸》（屬子思）與《論語》、《孟子》合成四子書，便是基於此一認定。三、則如牟先生之所說，曾子之守約慎獨的道德意識（所謂內聖工夫），乃本於孔子之仁教所應有的一步推進與加強。這內聖一面，是仁教仁道之本質的必然的一面。剋就此意，而言曾子傳孔子之道。

關於「一以貫之」之文，《論語》有二章說及：

子曰：「賜也，女（同汝）以予為多學而識之者與（同歟）？」對曰：「然。非與？」曰：「非也，予一以貫之。」（〈衛靈公〉）

子曰：「參乎，吾道一以貫之。」曾子曰：「唯。」子出，門人問曰：「何謂也。」曾子曰：「夫子之道，忠恕而已矣。」（〈里仁〉）

朱注：「貫、通也。」按、貫有貫串之義，貫串亦猶貫通。孔子之道，參天地，贊化育，建體立極，經緯萬端，自一身以至於家國天下，要皆歸於此心之仁。孔子說：「道二，仁與不仁而已。」（見《孟子‧離婁上》）但不仁之道，乃斷滅、死亡之道，這當然不足以為道。所以孟子又說：「夫道、一而已矣。」（〈滕文公上〉）道一之道，便是仁道。道之周流，即此仁心之通貫，這就是所謂「吾道一以貫之」。孔子告子貢曰：「予一以貫之」，告曾子曰：「吾道一以貫之」，其一以貫之之義，不應有異，但其所指則微有分別。告子貢者，順「多學而識」而來，是就「學」而言之。告曾子者，則就「道」而言之。道、所以成己成物也。成己成物，皆本於吾心之仁。而忠以盡己，恕以及人；盡己乃所以成己，及人乃所以成物，是忠恕為行仁之方也。所以曾子說：「夫子之道，忠恕而已矣」。忠恕一以貫之，亦即吾心之仁一以貫之。離開仁心仁道，無有足以一貫之者。以忠恕說一貫，即是以仁道說一貫也。茲列一表，以助了解：

忠恕一貫

盡己之謂忠——反求諸己——內（主觀面）成己

推己之謂恕——推己及人——外（客觀面）成物

合內外之道——仁道

曾子經孔子一言點醒，遂對一貫之道，豁然曉悟，所以應聲答道：「唯」。朱注云：「唯者，應之速而無疑者也。聖人之心，渾然一理，而泛應曲當，用各不同。曾子於其用處，蓋已隨事精察而力行之，但未知其體之一爾。夫子知其真積力久，將有所得，是以呼而告之。曾子果然默契其指，故應之速而無疑也。」按孔子嘗言：「吾與回言終日，不違如愚。退而省其私，亦足以發，回也不愚。」（〈為政〉）孔子亦說過：「參也魯。」（〈先進〉）魯者、才不敏捷之謂。然而同是一「一以貫之」，聰明敏辯的子貢，聞後無所表示；而曾子則直應之曰：「唯」，及孔子出，又能以忠恕二字，發揮孔子一貫之旨，這與顏子之退而能發，同樣都是「默識心通」的境界。象山說：「顏子既亡，而曾子以魯得之。」（《語錄》）魯而能聞道，則其魯也，不可及矣。曾子貞定篤信，故能直下承當，此所以為大根器也。

曾子之守約與全歸

孟子言曾子「守約」，守約二字實可代表曾子之精神。通過道德之自覺，清澈自己之生命，一切唯是稱仁體而動，循事理之當然而行，此之謂守約。約者、要也。一個人隨時隨事，都能戒慎恐懼，惟恐失義；從生到死，雖是反身省察，循理而行；任你桑田變滄海，滄海變桑田，我只守住生命義理之緊要處，牢牢不放鬆，以求個心安理得，這就是守約慎獨的工夫。《論語》載曾子之言曰：

「吾日三省吾身，為人謀而不忠乎？與朋友交，而不信乎？傳，不習乎？」（〈學而〉）

每日三省吾身，就是「守約」的表現，而曾子之守約慎獨工夫是終身貫徹的。「身體髮膚，受之父母，不敢毀傷」，守約也。疾篤之時，召門人「啟予手，啟予足」，守約也。臨終「易簀」（解見後文），絲毫不苟，守約也。曾子真如《中庸》所說「戒慎乎其所不睹，恐懼乎其所不聞」。他事事反求諸己，時時深自省察，唯恐自己的動靜行止，悖義失度，隕越辱沒；所以他說：「十目所視，十手所指，其嚴乎！」（《大學》）若不是曾子具有真切的道德意識，真能通過道德自覺而做工夫，豈能言之如此真切而嚴肅？《論語》記載：

曾子有疾，孟敬子問之。曾子言曰：「鳥之將死，其鳴也哀。人之將死，其言也善。君子所貴乎道者三：動容貌，斯遠暴慢矣；正顏色，斯近信矣；出辭氣，斯遠鄙倍矣。籩豆之事（籩豆，皆禮器名，竹豆曰籩，木豆曰豆），則有司存。」（〈泰

伯〉）

孟敬子（孟武伯之子）探問曾子之病，曾子不言自己之病，而獨告以君子修身之道，其愛人以德之意，何等懇切！他所謂君子之道三，都是說修己的工夫，而不是說修養的效驗。動容貌斯遠暴慢，是說自己的容態體貌應遠於粗暴放肆，不是可遠於他人對我之暴慢。正顏色斯近信，是說自己正色待人則近於信實不妄，不是可使他人待我以信而不行偽詐。出辭氣斯遠鄙倍，是自己吐辭出聲應遠於鄙俗悖戾，不是可遠於他人對我之鄙倍。三者都是自己內省做工夫處。孟敬子之為人，可能舉動任情，出言鄙倍，且察察為明，而近於苛細。所以曾子特告以反身修己之方，以明為政之本在於修身；否則，己身不修，何以天下國家為？至於籩豆之事，則是有司之職，那裡用得著掌理國家大政的卿大夫來操心思？曾子的話，雖是對孟敬子而說，實在這就是他自己實修有得之言。他克己約身工夫之嚴切，真是臨終彌篤，不稍鬆懈。下面是〈泰伯〉篇又一段記載：

> 曾子有疾，召門弟子曰：「啟予手，啟予足。詩云：戰戰兢兢，如臨深淵，如履薄冰。而今而後，吾知免夫！小子！」

「而今而後，吾知免夫」！且問曾子之免，免個什麼？舊說大體不出二解：①謂免於身體之毀傷。亦即孝經所謂「身體髮膚，受之父母，不敢毀傷」之意。②謂免於刑戮。古時墨、劓、剕、宮，都是肉刑。孔子說「君子懷刑」，又說「邦無道，免於刑戮」。曾子此章之免，亦此義也。今按、二解亦非不是，但如此說義理，終覺失之呆笨。假若說曾子臨終，使弟子開其衾而視其手足，只不過要看看自己的身體有無毀傷，則曾子之一生，好似只是專在保護一己之身體了。果真如此，安得謂之「守約」，安得謂之「全歸」？人不可隨意糟蹋毀傷自己的身體，當然是一種崇高的道德意識。但身體之應當保存，豈只是為一手一足之完整而已。身者，行道之器。一個人如果志行有虧，雖然身體倖免毀傷，倖免刑戮，又豈能稱之為孝？「父母全而生之，子全而歸之」，亦不僅是指形體之全而言。《禮記・祭義》篇載有樂正子春一段話：

> 吾聞之曾子，曾子聞諸夫子曰：天之所生，地之所養，人為大。父母全而生之，子全而歸之，可謂孝矣；不虧其體，不辱其親，可謂全矣。

據此，則所謂「全」，除了不虧其禮，還要不辱其親，要能不辱其親，自必謹言行、全志節而後可，豈能只限於身體髮膚之免於毀傷？我們看曾子引《詩》云：「戰戰兢兢，如臨深淵，如履薄冰」，則其嚴肅之道德意識，顯然可見。「吾知免夫」，除了手足形體之免於毀傷，當然亦函有「免於罪戾而行可寡過」之意。後人把免而全歸之意看得太狹小，竟說：孔子主殺身成仁；孟子主舍生取義；而曾子臨終，惟知啟予手啟予足而曰吾知免夫，則其氣象似未弘大。這種說法，正由誤認曾子「以形體之免於毀傷為全歸」而來。且曾子之氣象又何嘗不弘大？其論士曰：「不可以不弘毅」、「仁以為己任」；其論君子曰：「臨大節而不可奪」。仁以為己任，為要成其仁也，臨節不奪，為要成其義也；此與孔子孟子又何以異？世人肆無忌憚，不識「戒慎恐懼」之義，遂以為曾子「謹於小」者也，此正所謂「不賢者識其小者」而已，又烏足以知曾子哉！曾子之臨終「知免」，正是子張所說「君子曰終，小人曰死」，子貢所說「君子息焉，小人休焉」之所謂「終」所謂「息」的真實表現。這是經過嚴肅艱苦的道德奮鬥之後，鬆口氣而撒手歸去之慨歎。人到得此境，纔能說「全歸」。而《禮記》載曾子臨終易簀，尤可看出其道德心靈之常明不昧。其文曰：

> 曾子寢疾，病。樂正子春坐於床下，曾元曾申坐於足，童子隅坐而執燭。童子曰：「華而睆（音莞，美好貌），大夫之簀與！」（簀音責，即席子。與同歟）子春曰：「止」。曾子聞之，瞿然曰：「呼。」（呼音吁，虛憊之聲）曰：「華而睆，大夫之簀與！」曾子曰：「然。斯季孫之賜也，我未之能易也。元起易簀！」曾元曰：「夫子之病革矣（革音亟，急也，謂病重甚危急也），不可以變；幸而至於旦，請敬易之。」曾子曰：「爾之愛我也，不如彼。君子之愛人，以德；小人之愛人也，以姑息。吾何求哉？吾得正而斃焉，斯已矣。」舉扶而易之，反席未安而沒。（〈檀弓

上〉）

曾子未嘗仕魯為大夫，以簀為季孫所賜，平時偶而用之，自屬情理之常；但如死而寢於大夫席上，便不是禮之正了。所以曾子一聞童子之言，雖在疾病危重之時，亦必嚴令曾元舉扶而易之。《左傳》記子路死衛難時，帽纓為戈所擊斷，他倒地而坐起，說：「君子死，冠不免。」（免、脫也，去也。）於是取冠，戴好，從容結纓而死。子路之結纓與曾子之易簀，同樣都是「不以生死之變，易其平生所守。」必如此，方是「守約」，方是「全歸」。程明道說：「曾子易簀之意，心是理，理是心，聲為律，身為度也。」（《二程遺書》、劉質夫錄）明道之品題，「確是千古絕唱」（牟先生語）。若非對於內聖之學真有實感，若非有真實生命之共鳴與契會，又豈能發此創闢之具體解悟？但如曾子未至此境，則明道之議論亦發不出也。元明以後，天下共尊曾子為「宗聖」，蓋實已至，故名以歸耳。

三、孝友廉潔的閔子騫

孝哉閔子騫

閔子騫，名損，字子騫。魯人，少孔子十五歲。在孔門十哲中，與顏子、伯牛、仲弓同列「德行」之科。他的孝行尤其著稱於世。《論語・先進》篇載：

子曰：「孝哉閔子騫！人不間於其父母昆弟之言。」

人皆有孝親之心，但必須表現為孝行，以使「宗族稱孝焉，鄉黨稱弟焉」，始足以言真孝。閔子處於家庭困逆之境，而能使父母兄弟都說他孝，這便是純孝感格之效；別人聽了他父母兄弟之言，也都相信而無異詞，則閔子孝行之積於中，著於外，就更加明而有徵了。所以孔子特別稱舉而歎美之。《藝文類聚・孝部》嘗引《說苑》之言：

閔子騫兄弟二人。母死，其父更娶，復有二子。子騫為其父御車，失轡。父持其手，衣甚單。父則歸，呼其後母兒，持其手，衣甚厚溫。即謂其婦曰：「吾所以娶汝，乃為吾子；今汝欺我，去無留！」子騫曰：「母在一子單，母去三子寒」。其父默然。故曰：孝哉閔子騫！一言其母還，再言三子溫。

《韓詩外傳》亦載此事，並說他後母改悔，終成慈母。這是一則很感人的故事。所以焦循在《論語補疏》中亦引以為證。但崔述則以為這是後之好事者，以己意附會之。他說：「孔子稱閔子之孝，吾知閔子之孝而已；閔子之所以孝，吾不得而知也。吾不知閔子之所以孝，無害閔子之為孝也。」（《洙泗考信錄餘錄》）實則，焦循以實證，崔述以虛會，各有所當。

清初儒者呂晚村嘗說：「世傳閔子故事，不知其有無。學者雖不必據此以論閔子之孝，然此中卻足發人倫情理之變。世間後母之不慈者固多，然極惡不可感化者亦無幾，只是為子者未必能盡其道耳。」呂氏這幾句話是說得很好的。處人倫之常，而能克全孝友的，鄉里之間，所在多有。唯處人倫之變而猶孝友克全，則是人情所難。我國歷史上第一位大孝是舜。他的家庭是「父頑、母嚚、弟傲」，而且還常受逼害，但舜終能「克諧以孝」。（《尚書・堯典》語）所以孔子說「舜其大孝也與！」（《中庸》）孔門弟子有孝友之行者，不僅閔子一人，何以孔子獨稱「孝哉閔子騫」？正因他人處於人倫之常，而閔子則處於人倫之變。他在困逆之境，不但己身有孝友之實，而且能夠感格父母，克全一家之孝友。苟非純孝，豈能及此！處人倫之變而復其常，這是最難能而可貴處。孝如閔子，真可上希大舜而垂範後世了。

閔子的廉潔與識見

太史公說閔子騫「不仕大夫，不食汙君之祿。」（〈仲尼弟子列傳〉）可謂有伯夷之風。《論語》載：

> 季氏使閔子為費宰。閔子騫曰：「善為我辭焉。如有復我者，則吾必在汶上矣！」（〈雍也〉）

費是魯國季孫氏的大邑。季氏聞閔子之賢，所以想用他做邑宰。但閔子不欲臣於季氏，所以辭謝了。「善為我辭」，是婉拒這一次的召命；「如有復我者，則吾必在汶上」，則再召之路亦塞斷了。他的言詞雖很委婉，而意志則非常堅決。閔子這種廉潔自持鄭重出處的高風，是很值得敬佩的。所以王船山對此事特加稱歎：

> 「嗚呼！若子騫者，不特不肯仕於私門，且視私門之命，若浼己之深，而誓不再聞

之。蓋秉大正以自裁於出處義利之間，辨之審矣。此所以為德行之選歟！」（《四書訓義》）

閔子辭費宰，據前人的考證，認為當在「隳三都」之後。根據《左傳》的記載，隳三都是孔子為魯司寇時，和「為季氏宰」的子路共同實施的一項大政。叔孫氏的郈邑先隳，（隳、謂拆毀其城堡武庫）等到將隳季孫氏的費邑時，費邑的邑宰公山不狃卻率領費人反抗，而且圍攻魯君。還是孔子派了兩個能武的大夫申句須和樂頎出來，纔把他們逐走。公山不狃見事已敗，便出奔到齊國去了。費邑既隳，季氏欲得一有和順之德的人做邑宰，以安撫民心，重修政事，於是便選中了閔子騫。但是魯國三桓專政，孔子並不能行其志，因而乃有去魯之意。只為「父母之邦不可輕去」，所以「遲遲其行」耳。閔子看出孔子將不久於位，以是亦不欲為季氏用，而堅決辭謝了費宰的任命。後來孟孫氏的成邑沒有隳成功，魯君又接受了齊國的女樂，而且春郊之祭，「膰肉不至」。（依禮，祭後當致膰肉於大夫。今膰肉不至，是表示魯君之昏墮，於孔子之禮意已衰矣。）於是孔子遂以此為由而率領群弟子到衛國去了。假若閔子辭費宰果然是在隳三都之後，則距孔子之去魯不過半年而已。（隳三都在定公十二年夏秋之間，孔子去魯在定公十三年春祭之後。）如此看來，閔子不僅慎於出處，廉潔自守，而且見機於早，其識見尤非常人所及。

關於閔子的識見，《論語》亦有記述：

魯人為長府。閔子騫曰：「仍舊貫，如之何？何必改作！」子曰：「夫人不言，言必有中。」（〈先進〉）

長府，是魯國藏貨財的府庫。《左傳・昭公二十五年》嘗云「公居長府」，是魯原有長府；此云「魯人為長府」，當是新有改作。改作則必勞民傷財，故閔子認為不如「仍舊貫」。仍、因也。貫、事也。意思是說沿舊規以修理即可，如重新改作，勢必勞民力、傷民財，不合愛民節用之道。孔子聞之，覺得閔子言無虛發，發皆中節；而且能從國計民生著眼，尤深合為政之道，所以極為歎賞。清儒亦有牽合史事來解釋這一章的：說「魯人」實指昭公，不言昭公而言魯人，乃是「為公諱也」。《左傳》嘗記載昭公居長府以伐季氏的事。因昭公左右，多季氏耳目，如在宮中謀事，多有不便，所以特別改作長府以強戒備，作為自己謀事之所。但公室積弱已久，季氏擅政得民心，此實不宜以力相制。閔子之言，意欲諷昭公不可輕易舉事。但昭公不察，竟舉兵攻季氏，結果逼得三桓聯合起來，攻逐昭公，使得昭公不能立足，只好出奔到齊國去。《論語》這一章，是否真指此事而言，自然沒有確切的證據。但無論如何，閔子的話是深中事理的。西哲有言：「人若在言詞上沒有過失，他就可算是一個完人。」孔子稱閔子騫不言則已，言則無不合義中理。所謂「有德者必有言」，閔子蓋有之矣。

閔子的學養與情操

《論語．先進》篇謂：「閔子侍側，誾誾如也。」誾誾，何晏《集解》說是中正之貌。朱註則據《說文》，解為「和悅而諍」。劉寶楠《正義》謂：誾有諍義，故訓中正。我認為就氣象而言，誾誾如也自是一種剛柔得中和悅而敬之貌；若就其侍於孔子之側時問學的情態而言，則和悅而諍的解釋，實更有當。這是說閔子聽了孔子之講論，疑則必問，異則相諍，和言悅色以請教益，務必盡其底蘊而後已。這充分顯出閔子為學的態度及其對學問的真誠。《韓詩外傳》有一段關於閔子學養工夫的話：

閔子騫始見於夫子，有菜色；後有芻豢之色。子貢問曰：「子始有菜色，今有芻豢之色，何也？」閔子曰：「吾出蒹葭之中，入於夫子之門，夫子內切磋以孝，外為之陳王法，心竊樂之；出見羽蓋龍旂，旃裘相隨，心又樂之。二者相攻於胸中而不能任，是以有菜色也。今被夫子之文寖深，又賴二三子之切磋而進之，內明去就之義；出見羽蓋龍旂，旃裘相隨，視為壇土矣，是以有芻豢之色也。」

這段文字說明學養工夫是一個理慾交戰的過程。當學問道理與名利私慾交纏相持於胸中之時，形為之毀，體為之損；閔子之面有菜色，正說明他專心致力於以理勝慾的艱苦。及其學養有進，心有定處，則心廣體胖，神色煥發矣。善乎孟子之言曰：「君子所性，仁義禮智根於心。其生色也，睟然見於面，盎於背，施於四體，四體不言而喻。」（〈盡心上〉）閔子的學養工夫，既已達充於內形於外的境地，所以他的情操也能節之以禮，而和樂適度。據《說苑．脩文》：

閔子居親喪三年畢，見於孔子。子與之琴，使之弦，切切而悲。作而曰：「先王制禮，弗敢過焉。」孔子曰：「閔子哀未盡，能斷之以禮，故曰君子也！」

人的哀樂之情，最難自制，何況父母之喪，乃人生無涯之痛。閔子居親喪三年已畢，而猶哀痛未盡，切切而悲者，正因他是一個純孝之人。然過哀則傷性，閔子哀未盡而能以禮節之，是可謂孝而中禮，而能得性情之正者矣。此亦閔子之所以為閔子歟！

四、善言德行的伯牛

伯牛的德行

伯牛，姓冉名耕，或曰名犂，伯牛其字也。魯人，少孔子七歲。（據《聖門志》、《闕里廣志》）他是孔門最早期的弟子之一，與顏子等同列十哲「德行」之科。孟子嘗言：

「冉牛、閔子、顏淵，善言德行。」（〈公孫丑上〉）

照朱子的解釋：「德行、得於心而見之於行事者也。三子善言德行者，身有之，故言之親切有味也。」《從祀名賢傳》也說：「冉伯牛以德行稱，亞於顏、閔。孔木為司寇，以為中都宰。嘗從厄於陳蔡之間，彈詠不輟。設教於洛，樂道不仕。」關於伯牛「為中都宰」與「設教於洛」的事，不見於經傳，未必可靠。我們所可確知的，伯牛乃是以德行著稱，而且善言德行的大賢。而他整個人格的造境，則《孟子》書中曾有這樣的話：

「子夏、子游、子張皆有聖人之一體；冉牛、閔子、顏淵，則具體而微。」（〈公孫丑上〉）

具體而微，是說具有聖人之全體，但規模未廣大耳。如此看來，是伯牛已經達於聖人之域了。至於其言行少見於論語與其他書籍，則可能是有疾而早卒之故。

伯牛之疾

《白虎通德論》曰：「伯牛危言正行，而遭惡疾。」《淮南子·精神訓》亦說：「子夏失明，伯牛為厲。」厲即癘字之省。《說文》曰：「癘、惡疾也。」癘癩聲近，故朱註謂：「先儒以為癩也。」果然，那就是近世所謂痲瘋了。《論語》有一章伯牛病重，孔子親往探問的記載：

伯牛有疾，子問之，自牖執其手曰：「亡之，命矣夫！斯人也而有斯疾也！斯人也而有斯疾也！」（〈雍也〉）

古賢有言：「天道無親，常與善人」。以伯牛之賢德，自無患此奇疾之理。不應患而竟患之，是天命不齊之數，有殊不可解者存矣。患之而又不復可救治之，則其傷痛惋歎為何如！孔子之「執其手」，與其「命矣夫」之歎，又豈僅是師生之情而已。伯牛危言正行而竟受此惡疾，豈非命乎？雖說逆來順受，安之若命，然有賢德者而天降之疾，終傷人情！這就無怪乎孔子有「斯人也而有斯疾也」之歎了。王船山曰：

「由夫子之言，則伯牛之賢可知；而君子之言命者亦可見矣。人盡而後歸之天，性盡而後安之命。自非伯牛，則疾病凶折之至，方當以之自省，而豈可徒諉之命哉！修身以俟命，身之不修而俟命，自棄而已矣。」（《四書訓義》）

船山這幾句話，很有警策之意。必賢如伯牛，而後可受「命矣夫」之歎。常人不能修己之身，盡己之性；動輒與「天乎」「命也」之歎，則是怨尤而已，自棄而已！可不戒哉，可不勉哉！

五、可使南面的仲弓

仲弓的身世

仲弓，姓冉名雍，仲弓是他的字。魯人，少孔子二十九歲。《論語》載：

子謂仲弓曰：「犂牛之子，騂且角，雖欲勿用，山川其舍諸？」（〈雍也〉）

關於仲弓的身世，皆直接間接與《論語》此章有關聯。所以要了解仲弓之身世，亦只有依隨此章文義之解釋而作說明。何晏《集解》與朱注皆謂犂牛為雜色斑文之牛。皇侃《義疏》載另一說，則謂犂牛為耕牛；劉寶楠《正義》與日人竹添光鴻《會箋》從皇《疏》之說。按《禮記》曰：「古者天子諸侯，必有養獸之官。及歲時，齊戒沐浴而躬朝之，（齊、今作齋。朝、視也）犧牷祭牲，（完而無傷曰犧，純而不雜曰牷。）必於是取之，敬之至也。」（〈祭義〉）這是說天子諸侯祭祀之牲，必須特別蓄養，以示恭敬。至於民間耕牛，則非所以供祭祀之用；但有時官養之牛不足，則亦取而用之。據此，則解犁牛為耕牛之說，其義較勝。但祭牲必用純色，故解犁牛為雜色牛，亦自可通。騂、赤色也。周人尚赤，故祭牲用騂。角，謂其角周正、長短合度。唯俞樾則謂：「角者，別於童牛而言之。童牛無角，猶未可用；曰騂，則有其材矣，曰角，則及其時矣。」仲弓有賢德，所以孔子以為可當國家之用。然則，為何要說他是「犁牛之子」呢？朱注謂：

> 「仲弓父賤而行惡，故夫子以此譬之。言父之惡，不能廢其子之善；如仲弓之賢，自當見用於世也。」

今按《史記．仲尼弟子列傳》言「仲弓父賤人」。《家語》則謂「仲弓、伯牛之宗族，生於不肖之父」。朱注說仲弓父賤而行惡，大概是合《史記》與《家語》而言之。所以解犁牛為雜色斑文之牛，以喻其父之賤惡。不過，賤亦有微賤之義，非必指其人之行有不善；且稱子之美，而又舉其父之惡，這在長者尚且不忍言，何況聖人？衡情度理，似當以犁牛為耕牛，（《說文》：犁、耕也。《古詩十九首》：古墓犁為田，松柏摧為薪。今贛南粵東猶稱耕田為犁田。）以耕牛喻微賤，意謂父雖微賤，不害其子之可顯達於世也。

此外，《論衡．自紀》篇云：「鯀惡禹聖；叟頑舜神；伯牛寢疾，仲弓潔全。」是即以伯牛為仲弓之父矣。毛奇齡《四書改錯》謂「以伯牛名犁，其稱犁牛，直指其名與字言，此固無他據，不足道者。」《論衡》之說，書傳無考。假若伯牛果是仲弓之父，則「犂牛」二字可能是孔子輕鬆幽默的雙關語：既以指伯牛之名與字，亦戲謂其為耕牛。伯牛有疾早死，孔子心甚傷痛，今見仲弓長成而賢德，聖心大慰，遂以幽默之辭稱仲弓為騂且角之小牛，許其必當見用於世。此雖臆為之說，然觀乎孔子於子游有牛刀割雞之語，則欣慰之餘，偶作此雋永之言，亦非必不可能。但《家語》只說仲弓為伯牛之宗族，《論衡》之說，學者又鮮信從，則上之所說，或竟有瀆先賢，那就大不敬了。但無論如何，仲弓的身世有所憾恨，大體是可信的。在有憾恨之身世中，修潔自全，成德達才，這便是仲弓之不可及處。

仲弓的器量

《論語》謂仲弓為季氏宰，問政，子曰：「先有司，赦小過，舉賢才。」（〈子路〉）朱註引范氏之言，說：「不先有司，則君行臣職矣。不赦小過，則下無全人矣。不舉賢才，則百職廢矣。失此三者，不可以為季氏宰，況天下乎？」仲弓器量寬弘，為季氏宰，正是大才小用。所以當仲弓問仁，孔子就告訴他：「出門如見大賓，使民如承大祭；己所不欲，勿施於人。」（〈顏淵〉）出門如見大賓，則莊肅而不敢肆；使民如承大祭，則誠恪而不敢貳；此之謂「敬以持己」。而己所不欲，勿施於人二語，則是說的「恕以及物」之意。孔子的話雖是答問仁，而實可通於政理。朱注曰：「主敬行恕，坤道也。」坤道即地道，地以載物，政以安民，此正是君人者之事。因為仲弓可以大受，孔子纔期之如此其切。所以孔子又說：

「雍也，可使南面。」（〈雍也〉）

南面，是人君聽治之位。仲弓為人，「寬洪簡重，有人君之度」，是以孔子以可使南面許之。王船山亦說：「雍也有寬以容物之量，有靜以制動之體，使之南面而君人焉可也。不必有其位而固有其德，其視多才多藝之效職分功者，不尤賢乎！」（《四書訓義》）實則我們從仲弓自己所說的話，也可以知道何以孔子對仲弓有這樣高的期許：

仲弓曰：「居敬而行簡，以臨其民，不亦可乎？居簡而行簡，無乃太簡乎？」子曰：「雍之言然。」（〈雍也〉）

治道貴簡，然須居心敬，始有一段精神貫攝其間。若其行簡，而居心亦存乎簡，便是簡上加簡，不免有苟且率略之弊。所以朱注曰：「自處以敬，則中有主而自治嚴；如是而行簡以臨民，所事不煩而民不擾。若先自處以簡，則中無主而自治疏矣；而所行又簡，豈不失之太簡，而無法度可守乎？」由此可知，居敬行簡實是為政臨民之要道。孔子嘗稱：「無為而治者，其舜也與！夫何為哉？恭己正南面而已矣。」（〈衛靈公〉）仲弓之居敬，便是大舜之恭己；行簡，也即大舜之無為而治。（〈顏淵〉篇云：「舜有天下，選於眾，舉皋陶，不仁者遠矣。」天子設官分職，任舉得人，則恭己正位而已，此即所謂無為而治。宓子賤鳴琴而單父治，亦猶是也。）仲弓如果真有其位，安知他不能繼踵堯舜？所以荀子說：

聖人之得勢者，舜禹是也。聖人之不得勢者，仲尼，子弓是也。」（〈非十二子〉篇）

子弓，即仲弓，仲字蓋因上有仲尼而改。仲弓有人君之度，可惜他和孔子一樣不得勢位以行其道。故雖有「可使南面」之器量，而竟不能「南面」以化天下，裕後世。雖然船山說他：「不必有其位而固有其德」，然而既有其德而不有其位，豈非千古同慨的事！

仲弓的造境

仲弓在孔門十哲中列於德行之科，其為賢德君子，自不待言。《論語》載：

或曰：雍也，仁而不佞。子曰：「焉用佞？禦人以口給，屢憎於人，不知其仁，焉用

佞？」（〈公冶長〉）

佞、口才也。禦、當也，猶應答也。口給、口辯也。仲弓為人，厚重而簡默，而時俗卻以佞為賢，所以或人既稱仲弓之仁而又惜其不佞。孔子聽了，大不以或人之說為然。他認為佞者以利口服人，徒然使人厭惡而已。至於仲弓是否已進於仁，孔子卻說「不知」，因為「仁道至大，非全體而不息者，不足以當之。」（朱注）須知呈現仁是一個無限的道德實踐過程。所以在人有生之日，絕對不能以仁自居；對於任何一個在世的人，也必然不宜以仁相許。牟宗三先生嘗以「覺」與「健」二字說仁，這是很切當而顯豁的。仁是良知之覺，一念昏墮便不是仁；仁必剛健不已，剎那隔斷亦不是仁。以顏子之大賢，孔子亦只說：「其心三月不違仁」。因為要絕對地沒有須臾之間斷，那真是談何容易！明乎此，我們便可知道何以孔子不輕易許人以仁了。仲弓的造詣，或者還未達到「不斷地充量地呈現仁」之境地，但從或人的稱述中，仲弓有仁德之實，其仁聲仁聞亦足以取信於人，卻是明而有徵的。《家語》載子貢之言曰：

「在貧如客，使其臣如借；不遷怒，不深怨，不錄舊罪，是冉雍之行也。」（〈弟子行〉）

在貧如客，是說仲弓雖在貧窮之中，其生活儀態，亦能如像做客之時那樣矜莊不苟，這表示他能真正做到「不以貧累志」。使其臣如借，是說「不有其臣，如借使之也。」（王肅註）一個人有臣而若無臣，這就是「舜禹有天下而不與焉」的境界了。至於不遷怒、不深怨、不錄舊罪（即不念舊惡之意），是孔子所嘗稱道於顏子與伯夷叔齊者，而仲弓亦能之，可見其修養造詣之高。

荀子可說是仲弓的知音和崇仰者了。他說：

「彼大儒者，雖隱於窮閻漏屋，無置錐之地，而王公不能與之爭名；用百里之地，而千里之國莫能與之爭勝；笞棰暴國，齊一天下，而莫能傾也。是大儒之徵也。（徵、驗也。）其言有類，其行有禮，其舉事無悔，其持險應變曲當。與時遷徙，與世偃仰（二句謂因持因地而制其宜）；千舉萬變，其道一也。是大儒之稽也。（稽、考也；考、成也。）其窮也俗儒笑之，其通也英傑化之，嵬瑣逃之，（嵬瑣、狂怪之人。）邪說畏之，眾人媿之。通則一天下，窮則獨立貴名。天不能死，地不能埋，桀跖之世不能汙，非大儒莫之能立。仲尼、子弓是也。」（〈儒效〉篇）

所謂「天不能死，地不能埋」，是說其德業人格，垂範百代，超越時空，而可與天地同垂不朽。荀子又說：

「一天下，財（同裁）萬物，長養人民，兼利天下，通達之屬，（謂舟車所至，人力所通者）莫不從服。……則聖人之得勢者，舜禹是也。今夫仁人也將何務哉？上則法舜、禹之制，下則法仲尼、子弓之義。……如是，則天下之害除，仁人之事畢，聖王之跡著矣。」（〈非十二子〉篇）

荀子以仲弓與孔子相提並論，其推崇可謂甚至。至於稱他「在一大夫之位，一君不能獨畜，一國不能獨容」（〈非十二子〉篇語），則更如顏子所說：「夫子之道大，天下莫能容」了。

六、博藝善政的冉有

冉有的資性與才藝

冉有，名求，字子有，《左傳》或稱有子。魯人，與伯牛仲弓同族。少孔子二十九歲。

在孔門十哲中，冉有與子路同列「政事」之科。但兩人的資性，一進一退，正好相反。據《論語・先進》篇記載：子路與冉有同時問孔子「聞斯行諸？」（聽聞一義，則立即行之乎？）孔子告訴子路說：「有父兄在，如之何其聞斯行之？」而對冉有則逕答之曰：「聞斯行之！」何以問同而答異？孔子的解說是：「求也退，故進之；由也兼人，故退之。」蓋子路見義勇為，常若一人可兼二人之事，然而有父兄在，則亦有不可得而專行者，故告之以「有父兄在」以退之。而冉有之資稟，失之柔弱，於進取勇為或有所不足，所以告之以「聞斯行之」以進之。這是孔子就二人氣質性行之偏，所作的告誡勉進之言。冉有資性之「退」，《論語》還載有他自己的話可以為證：

冉求曰：「非不說（同悅）子之道也，力不足也。」子曰：「力不足者，中道而廢，今女（同汝）畫！」（〈雍也〉）

照朱註的解釋：「力不足者，欲進而不能。畫者，能進而不欲。謂之畫者，如畫地以自限也。」今按、力不足者，勉強而求之，至於半途，力竭而廢，是乃資稟所限，無可奈何。這亦是孟子所謂「非不為也，是不能也」的意思。至於畫地自限者，則所謂「非不能也，是不為也」。孔子嘗言：「有能一日用其力於仁矣乎，我未見力不足者。」以冉有之才，固不應以力不足自誣也。不過，孔子之道，至高至大，顏子「既竭吾才」，尚且還有「末有也已」之歎，則其高卓處，亦實有不易企及者。冉有之言，在本質上固是由於其資性之退，但如直認冉有能進而不欲，則亦有誣先賢。孔子說他「畫」，是為師者責勉弟子，與「求也退，故進之」同樣是激勵勉進的話。其實，冉有的資稟氣性雖不免失之柔弱，未能進到如閔子騫之剛柔得中，氣象和敬（所謂誾誾如也），但他侍於孔子之側，也能與子貢同樣「侃侃如也」（見〈先進〉篇），而表現出和樂的氣象。此固師友訓誨夾持之功，而亦冉有好學勉進之效也。《家語》嘗載子貢之言曰：

「恭老恤幼，不忘賓旅，好學博藝，省物而勤，是冉求之行也。孔子語之曰：好學則知，恤孤則惠，恭則近禮，勤則有繼。」（〈弟子行〉）

在這幾句行贊中，「好學博藝」尤為冉有之特長。《論語》載孔子答季康子之問，曰：「求也藝，於從政乎何有？」（〈雍也〉）又答子路問成人，於列舉臧武仲之「智」，孟公綽之「不欲」，卞莊子之「勇」之後，並特別提到冉求之「藝」（見〈憲問〉篇）。可知冉有之博藝多能，不但在孔門諸賢中首屈一指，而且已成為當時社會博藝君子的典型。孔子本人就曾自稱亦常為人稱道是博藝多能的人，而冉有之「藝」復為孔子所屢言及，則其人之多才多藝，自是實至名歸了。

冉有的政事

冉有由於多才藝，孔子曾許他有為政之才。他侍於孔子而言志，也曾說過這樣的話：

「方六七十，如五六十，求也為之，比及三年，可使足民。如其禮樂，以俟君子。」（〈先進〉）

這是說一個方六七十里或五六十里的小國，由他主政三年，可以使得人民豐衣足食，財用不缺。人民既已富足，便須施以禮樂教化。冉有謙遜不遑，不敢以才德俱全的君子自居，所以說「如其禮樂，以俟君子。」冉有之善於政事，孔子在一次答孟武伯之問時也曾特別提到，說是：

「求也，千室之邑，百乘之家，可使為之宰也。」（〈公冶長〉）

千室之邑是大邑，百乘之家是指卿大夫之家。孔子認為冉有之才，做一個大邑邑宰或卿大夫的家宰是足可稱職的。後來冉有也確曾在一段很長的時間裡，擔任季孫氏的家臣。《史記》稱季桓子卒，其子康子繼立，乃召冉有返魯（時冉有隨侍孔子在陳），這是魯哀公三年的事。而哀公二十三年，《左傳》猶載冉有代表季康子赴宋弔喪。由此可知冉有任季氏之宰，為時逾二十年。季氏專主魯國大政，家宰即其輔相，自必亦直接地間接地參與魯國政事。冉有能長期獲得季氏的信任與倚重，則其政才優異，從可知矣。

當然，在冉有的政治生涯中，也有幾件事情處理失當，曾受到孔子的責備。據《論語》：

季氏旅於泰山，子謂冉有曰：「女（同汝）弗能救與（同歟）？」對曰：「不能。」子曰：「嗚呼！曾謂泰山不如林放乎？」（〈八佾〉）」

旅、是祭祀之名。古禮、天子祭天下名山大川，諸侯祭國境內之山川，大夫祭家廟。季氏旅泰山，是以大夫之位僭行諸侯之禮。冉有為季氏家臣，對季氏之非禮，理當予以救正，而冉有竟不能。孔子以為林放尚且知道問「禮之本」，難道泰山之神祇反而不如林放，而竟會安然接受季氏非禮的諂祭嗎？孔子的慨歎，對冉有是一番啟導訓誨，對季氏則是一種譏責貶斥。冉有不能救正季氏之過，在另一件事上也可看出，此事《論語》、《孟子》二書皆有記載。據《孟子》：

求也為季氏宰，無能改於其德，而賦粟倍他日。孔子曰：「求，非吾徒也！小子鳴鼓而攻之可也。」（〈離婁上〉）

據《左傳．哀公十一年》載，季氏欲以田賦，使冉有訪於孔子。孔子非之，有「施取其厚，斂從其薄」之言。孔子之意，蓋欲恢復周公所定什取其一之賦制。然季氏終不聽，冉有也不能盡其輔導之責以救正季氏之失，孔子深惜冉有有負平日教誨屬望之意，故示門人群起而聲討之。其言固是責冉有，實亦斥季氏之惡耳。

此外，季氏謀伐顓臾，孔子也認為是失義之舉，而責冉有對季氏為「危而不持，顛而不扶」，沒有盡到「相」的責任（事見《論語．季氏》篇——附按：季氏伐顓臾事，不見於春秋經傳，蓋聞孔子之言而止也。）又《論語．子路》篇載：

冉子退朝，子曰：「何晏也？」對曰：「有政。」子曰：「其事也！如有政，雖不吾以（以、用也），吾其與聞之。」

此章是孔子正名分之教。蓋季氏專擅魯政，其於國家政事，可能常不與大夫議於公朝，而常與家臣謀於私室。此所謂「冉子退朝」，即是指季氏之私朝。私朝所議者應是卿大夫之「家事」，而冉有卻說是「國政」，故孔子特為論正。蓋孔子嘗為魯之大夫，依禮，大夫雖不治事，猶得與聞國政。今孔子既不聞，則季氏私朝所議，安得謂為國政乎？孔子在政治上是主張「必也正名乎」的。此章所言，詞雖溫婉而義則嚴正，故朱註以為「其所以正名分，抑季氏，而教冉有之意深矣。」

大體言之，冉有以資性之「退」，易於因應現實，而於興禮樂之化，立綱常之正，容或有所不及。故其人雖博藝善政，但尚未進到孔子所謂「政者正也」的層次。不過我們必須知道，實際的政事總難免會拖陷理想，而使得政治原則打折扣的。昔鄭子產鑄刑書，晉叔向貽書相責，子產覆書，有曰：「吾以救世也！」可見政治家也常有不得已的苦衷。《孔子家語・在厄》篇嘗載子貢之言曰：「夫子之道至大，故天下莫能容夫子，夫子蓋少貶焉。」孔子之道，自是萬世之極則；在孔子本人，乃立教垂範，故不為拙匠改廢繩墨。但群弟子出而仕於邦國，亦正所以不忍坐視家之毀、國之亡，而期有以正時政之弊，救世道之衰。其行於政，用於事，或不免有枉道以委曲求全之時，但如我們作一同情之了解，則子貢所謂「蓋少貶焉」，或者正表出了大家的心聲。我作此言，並非要為冉有作辯護，而意在說明一個為政者之「因應現實」，常是不可避免之事。當然，冉有之失仍是冉有之失，惟吾人如就上舉他不能救正季氏之「旅泰山」「倍賦粟」「伐顓臾」諸事，而即抹煞冉有之政才與事功，則決非持平之論。於此，請再進而論冉有之義勇。

冉有之義勇

據《左傳》，魯哀公十一年春，齊國出兵伐魯，當政的季孫氏謀於其宰冉有。冉有主張季孫氏守國，孟孫、叔孫二氏從魯君帥師到邊境抗拒齊兵。但季孫氏自度無力使孟孫叔孫從君出戰，於是冉有說：那末置兵於封疆之間，以待齊之動靜好了。季孫將此意告訴孟孫叔孫，而二人還是不同意。冉有乃獻出了第三策，他說：

「若不可，則君無出。一子（意指季孫氏）帥師背城而戰，不屬者，非魯人也。（屬、臣屬也，謂不從戰者則為不臣。）魯之群室，眾於齊之兵車；一室敵車，優矣！子何患焉？二子（指孟孫、叔孫）之不戰也宜，政在季氏。當子之身，齊人伐魯，而子不能戰，子之恥也！大不列於諸侯矣。」（《左傳・哀公十一年》）

季孫氏從其計，乃偕冉有同入公朝。叔孫武叔向冉有探問消息，冉有因他既不欲戰，故不答，只說：「君子有遠慮，小人何知」？孟懿子強問之，冉有仍說：「小人慮材而言，量力而共（音恭，供事也）者也。」武叔聽了冉有的話，覺得受了羞辱，乃憤憤地說：「是謂我不成丈夫也」！於是退而整備兵車，與孟孫氏合力編成右師，由孟懿子的兒子孟孺子（即孟武伯）帥軍。季孫氏的兵甲七千也編成了左師，由冉有統帥，並以孔子另一弟子樊遲為副手。冉有樊遲帥左師先攻入齊軍，而孟孺子的右師卻吃了敗仗，受到齊人的追擊，幸而孟之反奮勇殿後掩護，纔能獲得保全。這一戰雖然右師失利，魯昭公的兒子公叔務人（即公為）與其僮汪踦也殉難了，但以冉有奮其義勇，力挫敵鋒，魯國終於獲得勝利。《左傳》記載說：

> 冉有用矛於齊師，故能入其軍。孔子曰：「義也。」

其實，冉有不僅義勇可嘉，而且對於用兵之道也是很嫻熟的。當左師打得齊人潰不成軍而撤兵逃遁時，冉有準備乘勝追擊，可惜季孫氏再三不許，否則，戰果將更為輝煌。說到這裡，我們該可以問一句：以冉有資性之「退」，而且自認「力不足也」，為何於博藝善政之外，更能嫻習軍旅，而且義勇過人？太史公說：

冉有為季氏將師，與齊戰於郎，克之。季康子曰：「子之於軍旅，學之乎？性之乎？」冉有曰：「學之於孔子。」（《史記・孔子世家》）

冉有為孔子徒，以常得「親師取友」之故，終能超脫其資性之退，而激發為義勇之行；又以其「好學」之故，乃能於博藝善政之外，更習熟於軍旅之事。冉有到底沒有畫地自限，是可謂不負聖門之教了。

七、忠信勇決的子路

子路的性格

子路，姓仲名由，字子路。又稱季路，《左傳》或稱季子。少孔子九歲。子路自是一個野人。尸子說子路是魯國卞邑之野人，孔子也說「野哉，由也」。野人所表現的，唯是生命的粗獷與不馴，唯是剛猛陵人的氣勢。《史記．仲尼弟子列傳》稱：

「子路性鄙，好勇力，志伉直；冠雄雞，佩豭豚，陵暴孔子；孔子設禮稍誘子路，子路後儒服委質，因門人請為弟子。」

我們看子路那種裝束，便顯出他的野人神情。他是那樣的鄙野剛猛，那樣的對人無禮，他一切唯是氣魄承擔，他這時是不知天高地厚的。但一經孔子設禮稍稍誘之，便又委質願為聖門弟子，這就是野人質樸率真的可愛與可貴處。《說苑．建本》有一段記載子路初見孔子的話：

子路持劍，孔子曰：「由安用此乎？」子路曰：「善吾者，固以善之；不善吾者，固以自衛也。」子曰：「古之君子，忠以為質，仁以為衛；不出環堵之室，而聞於千里之外。有不善則以忠化之，侵暴則以仁固之，何待劍乎？」子路曰：「由乃今聞此言，請攝齊以受教矣。」

子路初見孔子，孔子曰：「汝何好樂？」對曰：「好長劍。」子曰：「吾非此之問也，謂以子之所能，而加之以學問，豈可及乎？」子路曰：「學亦有益乎？……南山之竹，弗揉自直；斬而用之，達於犀革。以此言之，又何學為乎？」子曰：「栝而羽之，鏃而砥礪之，其入之不亦深乎？」

子路就像南山之竹，挺直、堅利。他對於自己的勇武非常自負，他曾很率直的問孔子：「子行三軍則誰與？」（〈述而〉）言下大有衝鋒陷陣，「舍我其誰」之概。又一次，孔子引「不忮不求，何用不臧」的詩句贊美他，他便「終身誦之」，很有點顧盼自喜之致。子路就是這樣一個「英雄嫵媚」的人。《中庸》亦記載他向孔子問強的事，孔子告訴他：

「寬柔以教，不報無道，南方之強也，君子居之。衽金革，死而不厭，北方之強也，而強者居之。」

子路賦性剛勇，孔子曾說「由也喭。」（〈先進〉）喭，就是剛猛的意思。又說「由也，好勇過我。」（〈公冶長〉）由此看來，子路要算是一個北方之強了。他的剛強是無所不表現的。《說苑．脩文》說他「鼓瑟，有北鄙殺伐之聲」。這說明他好勇的天性，在樂聲上也不自覺的流露出來。孔子為要裁抑他，使他進於中和之境，所以說「由之瑟，奚為於丘之門？」（〈先進〉）不過，北鄙之聲雖然不合中和之音，但發揚蹈厲的音樂，也並非就不足貴。因此，後人亦有為子路抱屈的，說是「民性之偏久矣，而聲音之道微矣。商音剛決，而師乙稱之；秦聲雄大，而季札美之。世無仲由，而天下多桑濮之音。」（《會箋》引陳臥子語）這真是慨乎言之了。

孔子嘗言：「先進於禮樂，野人也。」（〈先進〉）野人總是質勝文的。子路甚至認為「君子質而已矣，何以文為」？所以他敢在孔子面前率直地說：「有民人焉，有社稷焉，何必讀書，然後為學？」（〈先進〉）這話雖然有點強辯，但卻是說得很卓然傑出的。因此，孔子不說他沒有理，卻責備他逞強好辯。子路就是這樣「言多率性」而不文的人。《孔子家語》說他：「不畏強禦，不侮矜寡，其言循性，材任治戎，是仲由之行也。孔子和之以文。彊乎武哉！文不勝其質。」（〈弟子行〉）強乎武哉！這真最足以形容子路了。

子路的政才

子路在孔門十哲中與冉有同列「政事」之科，可見子路的政治長才是孔門師弟共同贊許的。當他向孔子述志時，亦充分表示他為政的自信：

「千乘之國，攝乎大國之間，加之以師旅，因之以饑饉，由也為之，比及三年，可使有勇，且知方也。」（〈先進〉）

這是說，一個諸侯大國，儘管外有戰事，內有饑荒，如由他來主政三年，一定可以使每個人民忠勇為國，而且知義向善。這表示他對治軍治民以及禮樂教化的事都能勝任愉快。子路這樣率爾而言，所以孔子笑他；但笑的是「其言不讓」，而不是笑他的志和他為政的才能。孔子曾說「由也果，於從政乎何有？」（〈雍也〉）又說「由也，千乘之國，可使治其賦也。」（〈公冶長〉）然則，子路的政績如何呢？據《左傳．定公十二年》，子路為季氏宰，曾主持「墮三都」的事，使叔孫氏與季孫氏的都邑，都先後拆毀了。這在春秋時代是僅有的壯舉。此外，我們可以徵引幾段記載以說明子路的政才。

子路為季氏宰。季氏祭，逮昏而奠，終日不足，繼之以燭；雖有強力之容，肅敬之心，皆倦怠矣。有司跛倚以臨祭，其不敬也大矣。他日祭，子路與焉；室事交於戶，堂事交於階，質明而始行事，晏朝而徹。孔子聞之曰：「孰謂由也而不知禮乎？」

（並見《禮記．禮器》與《家語》）

這一段記實，可以看出子路的明決幹練。祭祀是致其誠敬的。禮數煩而久，便難免敬意衰而儀容倦怠。所以子路一方面把開祭時間提到早晨，又權宜省略禮儀之煩文，以使祭典在莊敬隆重中適時完成。因此孔子特別稱贊他知禮。古時候「國之大事，在祀與戎」。而子路俱能之。可見他自稱治千乘之國「可使有勇，且知方也」的話，不是誇張之言了。

後來子路為蒲邑宰，問於孔子，孔子告訴他說：「蒲多壯士，又難治。然吾語汝：恭以敬可以執勇，寬以正可以容眾，恭正而靜可以報上。」（《說苑》）子路奉命領教之後，臨治蒲邑，三年有成，很得到孔子一番贊美：

> 子路治蒲三年，孔子過之。入其境曰：「善哉由也！恭敬以信矣。」入其邑曰：「善哉由也！忠信以寬矣。」至其庭曰：「善哉由也！明察以斷矣。」子貢執轡而問曰：「夫子未見由之政，而三稱其善，可得聞乎？」孔子曰：「吾見其政矣。入其境，田疇盡易，草萊甚闢，溝洫深治，此其恭敬以信，故其民盡力也。入其邑，墉屋完固，樹木甚茂，此其忠信以寬，故其民不偷也。至其庭，庭甚清閒，諸下用命，此其明察以斷，故其政不擾也。以此觀之，雖三稱其善，庸盡其美乎？」（《韓詩外傳》與《家語．辨政》篇）

我們從子路治蒲的政績，可以看出他的政治才能。這雖然是牛刀小試，但由小可以觀大，如果他有機會主持大國之政，其成就是可想而知的。《說苑》和《家語》還提到他在蒲修溝洫，用私人的薪俸為漿飯以勞民的事。不過《韓非》書中，則以為此事是在子路為魯郈邑令時。照情理看，似乎《韓非子・外儲說右上》說的比較可信：

季孫相魯，子路為郈令。魯以五月起眾為長溝，子路以其秩粟為漿飯，要作溝者於五父之衢而餐之。孔子聞之，使子貢往覆其飯，擊其器曰：「魯民有君，子奚為乃餐之？」子路拂然怒，攘弦而入請曰：「夫子疾由之行仁義乎？仁義者，與天下共其有而同其利者也。今以由之秩粟而餐民，不可，何也？」孔子曰：「由之野也！如是之不知禮也。汝之餐為愛之也。夫禮，天子愛天下，諸侯愛境內，大夫愛官職，士愛其家，過其所愛曰侵；今魯有民，而子擅愛之，是子侵也。」言未卒，而季孫使者至，讓曰：「肥也起民而使之，先生使弟子令走役而餐之，將奪肥之民邪？」（按、肥乃季康子之名。）

魯國的人民是為國家做工；勞民，是魯君或執政之卿的事。子路只是一個邑宰，而以私秩之粟慰勞國民，這是逾越職分的。所以孔子制止他，而季康子更指責他有市惠奪民之嫌。不過，我們所注意的，卻是子路這種勇於行仁義的精神。

子路不但善於治軍治民，而且善於治獄。孔子說：「片言可以折獄者，其由也與！」（〈顏淵〉）片言就是片面之辭的意思。折獄是判決訟事。凡是審判案件，總得聽取原告被告兩造之辭，然後才能判別是非。可是子路是一個忠信明決的人，大家一方面畏懼他，一方面也信服他，所以即使是訟事，也沒有人敢對他說謊。以是，子路只聽一面之辭，便能判斷曲直，了結訟案。做司法官做到這樣的程度，而且能得到社會一致的信服與稱許，古今中外，怕只有子路一個人吧。

子路的善德與修養

剛與勇都是德，但就子路來說，那是他先天的氣稟，我們不從這裡說他的德。子路的善德，可以從「孝」「信」「義」這三端來說明。《家語》與《說苑》都說：

> 子路見於孔子曰：「負重涉遠，不擇地而休；家貧親老，不擇祿而仕。昔者由也，事二親之時，常食藜藿之實，為親負米百里之外；親沒之後，南遊於楚，從車百乘，精粟萬鍾，累絪而坐，列鼎而食，雖欲食藜藿，為親負米，不可復得也。枯魚御索，幾何不蠹？二親之壽，忽如過隙。草木欲長，霜露不使；賢者欲養，二親不待。故曰家貧親老，不得顧而仕也。」

孔子曰：「由也事親，可謂生事盡力，死事盡思者也。」

在孔子門弟子中，我們都知道閔子曾子以孝見稱，現在我們再看看子路，「事二親，食藜藿」，為了使二老嚐嚐米飯的芳香，子路乃「為親負米於百里之外」，他真是一個可敬可愛的野人啊！「草木欲長，霜露不使；賢者欲養，二親不待」，「雖欲為親負米，不可復得也」。這又是何等真摯的性情！《禮記．檀弓下》還記載他一段話：

子路曰：「傷哉貧也！生無以為養，死無以為禮也。」孔子曰：「啜菽飲水盡其歡，斯謂之孝；斂首足形，還葬而無槨，稱其財，斯謂之禮。」

孔子是師長，他的話是依禮論理以慰子路。子路的話，卻是一個「孝思不匱」的無限傷歎。

子路不僅是一個「生事盡力，死事盡思」的孝子，他的信譽尤其卓著於世。他是一個重然諾的人，今日有諾一定今日踐行，決不留待明日。所以《論語》說「子路無宿諾。」（〈顏淵〉）《左傳．哀公十四年》載：

小邾射以句繹來奔，曰：「使季路要我，吾無盟矣。」使子路，子路辭。季康子使冉有謂之曰：「千乘之國，不信其盟，而信子之言，子何辱焉？」就曰：「魯有事於小郑，不敢問故，死其城下可也；彼不臣而濟其言，是義之也，由弗能。」

小邾射以一座城邑投奔魯國，不相信堂堂魯國之盟，而相信子路的一句話。然而子路是重視信譽甚於生命的人，所以他說自己的生命可以為國犧牲，但他的話卻不願為不義之人利用。子路的宣示，不僅說明了他是一個千古信人，而且是一個千古義人。他與朋友交，尤其以義為尚。所以他說：「願車馬衣裘，與朋友共，敝之而無憾。」（〈公冶長〉）子路是個心中廓然，不繫於物的人。車馬衣裘都是身外之物，在子路看來，豈足和朋友之義相比！然則，子路所重之義，又不僅是朋友通財之義而已。

子路的善德，一方面是由於他的忠信之美質，一方面也是由於他的修養。他修治己身最值得稱道仰贊的，是他的「無慾」與「改過之勇」。孔子曾說過：「衣敝縕袍，與衣狐貉者立，而不恥者，其由也歟！不忮不求，何用不臧」（〈子罕〉）貧富相形見絀，是人情所難堪。而子路穿一襲破綿絮袍，和穿狐皮裘衣的人站在一起，一點都不感到自己寒傖羞澀，那是他真心不為外物所累，不為富貴所動，這便是無慾的表現。孔子說「棖也慾，焉得剛？」子路能夠無慾，他該是一個真正的剛者了。

至於子路的改過之勇，又是由於他勇於為義與勇於行善而來。《論語・公冶長》篇說：「子路有聞，未之能行，唯恐又聞。」這寥寥數字的稱述，使子路勇於行善之心，躍然紙上。因為他勇於行善，所以也就勇於改過。《家語・辨樂》篇說他聽了冉有轉告孔子批評他的瑟音之後，「懼而自悔，靜思不食，以至骨立。」孔子知道了說：「知過能改，其進矣乎？」子路不但勇於改過，而且極其樂意知道自己有些什麼過失。孟子說「子路，人告之以有過則喜。」（〈公孫丑上〉）一般人都覺得自己的過失，被人指了出來，是一件很難堪的事。殊不知旁觀者清，當局者迷，自己的過錯往往自己不能覺察，別人能告訴我，我便有了改正的機會。這個道理本來很淺顯，然而有幾個人能像子路那樣聞過則喜呢？周濂溪說：「子路喜聞過，令名無窮焉。」（《通書》）因為賢與不肖的分別，實就在能否「遷善改過」啊！

子路之死

《論語》有言：「子路行行如也……子曰：若由也，不得其死然。」（〈先進〉）行行如是剛強之貌。子路剛氣過於外露，孔子擔心他太剛則折，因此以「不得其死」的話來告戒他。後來，子路果然死於衛孔悝之難，這真是不幸而言中了。上面我們曾提到小邾射投奔魯國，不信魯國的盟約，而想得到子路信譽的保證，那是魯哀公十四年的事。他死於衛難是在哀公十五年的冬天，兩事相距只一年餘。他是如何離開魯國到衛國的，史書上沒有記載。大概子路不願意為小邾射的事許一句諾言，因而得罪魯國當政的季康子，於是才又到衛國去做孔氏的邑宰的吧。孔氏是衛國當政的貴族。衛靈公的女兒伯姬（蒯聵之姊）嫁給孔文子，生了孔悝。太子蒯聵得罪靈公，被逐離國。他流放國外仍然不甚自愛，所以衛國上下都不喜歡他。衛人以為公子郢賢，想立他為君，公子郢不肯。照周朝的禮法，無嫡子者立嫡孫。於是蒯聵之子名叫輒的繼立為衛君，是為出公。晉國想護送蒯聵回衛國為君，為衛人所拒，在戚邑住了十餘年。後來孔文子死了，蒯聵利用他姊姊伯姬的關係回來爭位，強迫孔悝立盟支持他。出公輒聽到他父親蒯聵回國，就出奔到魯國。這時孔子的弟子子羔（高柴）仕衛，子路則做孔悝的邑宰。孔悝既被劫持，他的家臣乃派人告訴子路。子路將入城，遇見子羔，子羔告訴他，城門已經關閉，而且我們既不預聞衛國之政，何必踐難？子路則以為自己既食孔氏之祿，孔悝有難，自然不能避難不救。他到了城門口，守門的公孫敢告訴子路不要進去。子路說，你為求一己之利而遠避其難，我則不然，既食其祿，就應當救其患難。這時正好有使者出城，子路就乘機進入城門。孔悝被蒯聵劫持在一座台上，子路對蒯聵說，太子何必劫持孔悝？你即使殺了他，也還會有別人反對你的。蒯聵不聽。子路想用火焚台釋放孔悝。蒯聵知道了，果然恐懼，就派了兩個勇士下台攻子路。子路隻身倉猝入城，既無部卒，又無器械，而且他已是六十開外的人，所以終於被敵方以戈擊中，帽纓都給戈擊斷了。子路自言自語的說：「君子死，冠不免。」（《史記・衛康叔世家》）於是從地上拾起冠，戴好，從容結纓而死。

孔子深知子羔和子路的為人，所以當他聽到衛國的政亂時，就說「柴也其來，由也死矣！」（《史記・衛康叔世家》）後來子路的死訊傳到魯國，「孔子哭子路於中庭。有人弔者，而夫子拜之。既哭，進使者問故，使者曰：『醢之矣！』遂命覆醢。」（〈檀弓〉）一代賢勇，竟為政敵剁成肉醬。「天道之報施善人，固如是乎」？假若子路見用於他的父母之邦，又何至於這樣「不得其死」？據《左傳》的記載，哀公十四年陳恒弒齊簡公，於是齊魯交惡。十五年秋，陳恒派他的兄長陳瓘到楚國去，路過衛國，子路特別求見，對他說道：「天或者以陳氏為斧斤，既斲喪公室，而他人有之，不可知也；其終使饗之，亦不可知也。其善魯以待時，不亦可乎！何必惡焉？」意思是說，陳恒弒齊君，殘弱齊國的公室，但今後究竟誰家能得齊國而有之，還在未定之天。你們陳氏主齊政，又何必和魯國交惡？陳瓘聽了子路的話，回答說：「然！吾受命焉。」這年冬天，子貢和子服景伯到齊國去，終於締結了齊魯兩國的和好，子路這番話是發生了作用的。子路不得志於魯而仕於衛，心中仍念念不忘於父母之邦，其忠愛之情為何如！然而他終以垂暮之年死難於一場異國的政亂，這難道果真是「時也，命也」？《公羊傳》說：

顏回死，子曰：「噫！天喪予！」子路死，子曰：「噫！天祝予！」（〈哀公十四年〉）

祝者，斷也。孔子的意思，是說子路死了，乃天要斷絕我，使我不能行道於世啊！論者以為顏子子路在孔門的地位有如將相。顏子死後，次年子路又死，子路死後，不到半年，孔子也曳杖逍遙而逝。然則顏子子路之死，倒真成了聖道不行的預徵了。

八、跅弛不羈的宰我

宰我的才氣

宰我，名予，字子我，魯人，年歲無考。

宰我在孔門十哲中，與子貢同列「言語」之科。照皇侃《論語義疏》的解釋：「言語、謂賓主相對之辭也。」孟子亦說：「宰我、子貢，善為說辭。」（〈公孫丑上〉）這是說宰我與子貢皆擅於外交之辭命。唯王船山《四書訓義》則解言語為「言足以論道，語足以專對。」其解《孟子》善為說辭句，亦謂「凡為言者，以言天下之事，有講說焉，有辭命焉，在昔宰我子貢善之矣。」此則不以宰我之才限於外交之辭命而已，而亦長於講說論道也。孟子亦嘗稱宰我「智足以知聖人。」（〈公孫丑上〉）據此可知，宰我實有不凡之才智，而在言語方面尤特為顯著。

《論語》有一章記載宰我答哀公問社的話：

哀公問社於宰我，宰我對曰：「夏后氏以松；殷人以柏；周人以栗，曰：使民戰栗。」子聞之曰：「成事不說，遂事不諫，既往不咎。」（〈八佾〉）

社，「土地之神也。」（《白虎通》）古時建國必立社，以祀地神。立社又必樹其地所宜之木以為社主，所以社必有樹；《白虎通》所謂「尊而識之，使民望而敬之也。」宰我所說周人用栗為社主，是欲使民戰栗。（栗、今作慄。戰栗、恐懼之貌。）此固非立社之本意，而又啟時君殺伐之心，所以孔子責他失言。不過，這一章的解釋，前人多有據史事以為說的。魯哀公不滿三桓之擅政，意欲加之聲討，然又難以明言；以古時戮人於社，故託社以問。宰我心知哀公之意，遂亦以「使民戰栗」之隱語答之，以加強哀公除去三桓之決意。孔子既聞哀公之隱謀，深知祿去公室，政在大夫，由來已久；所謂積重難反，未可憤憤於一朝，而反以速禍。況哀公又非大有為之君，事必不濟。故曰「成事不說」云云，以示哀公不可輕易舉事，以自陷敗亡。假如這個解釋確合當時之情事，則宰我實有整頓政綱以撥亂返治之志。雖然就事理情勢而言，孔子是對的，（後來哀公欲借越國之力以去三桓，終至客死。見《左傳・哀公二十七年》。）但我們於此可以看出宰我「欲以有為」之心志，及其敢作敢為的膽識與性格。

宰我實是一個跅弛不羈之才。我們從《論語・陽貨》篇宰我問三年之喪一章中，更可見其氣銳膽壯。他是那樣的睥睨一世，那樣的想衝破禮法之矩矱而自行其是。他直以君子志在禮樂，如守喪三年，則必禮壞樂崩。何況天道運行一周，時物節序皆已變化，則君子行一年之喪，庶乎可矣。而當孔子問他三年喪期未滿即食稻衣錦，能心安否？他也毫不遲疑地答道：「安」！於是孔子亦無可如之何，只說「汝安則為之」。蓋凡孝弟之事，皆關乎性情。而宰我在此所顯露的不是性情，而是才氣。順才氣行，總是恣縱的，揮灑的。所以宰我甚至不能領受孔子殷切的點醒，而任性的侈肆昏墮；因之《論語》又記載他「晝寢」而受責備的事。孔子對於宰我的訓責，嚴而且厲。這是由於他逞才氣，好大言，而志大行疏呢？還是另有原因？宰我是孔門高第弟子，然《論語》一書記宰我多不美之辭，而晝寢、三年之喪兩章尤甚。諸弟子中，獨寫宰我最無情采。此何以故？於此，我們不能不對宰我的政治生涯作一探究。

宰我之事齊與死難

宰我的政治生涯，與齊國有不可分割的關係。齊國在景公之時，田（陳）氏已經非常得勢了。景公卒，齊相高氏、國氏奉遺命立太子荼為君，是為晏孺子。晏孺子既立，景公另一個與田乞相歡的兒子名叫陽生的，則因懼禍而出奔於魯。這使田乞深為憾恨，於是他運用巧妙的手腕，孤立了高、國二相，取得了諸大夫的合作，發動了一次政變。結果高昭子死難，國惠子奔莒，而晏孺子奔魯。於是，田乞使人把原先在魯國的公子陽生接回來，而且就在田乞家中威逼諸大夫共立陽生為齊君，是為悼公。田乞為齊相，四年而卒，子田常代立，是為田成子。後來悼公為齊人所弒，其子壬繼立，是為簡公。這是魯哀公十年的事。

當陽生及其子壬尚在魯時，魯國有闞止其人（即宰我，說見後）和他們父子相善。據《左傳》：「陳僖子（即田乞）召公子陽生，陽生駕而……出萊門，……闞止知之，先待諸郭外，公子曰：『事未可知，反與壬也處，戒之。』」（〈哀公六年〉）由此，可見闞止是一個能洞悉機先的人。他發覺陽生駕車而出，便料定他要回齊國，而且勢將被立為君。於是先在城門外等候，意欲與陽生偕行，而陽生認為事之成否尚未可知，所以勸闞止回城和他兒子壬相處，以待時機。過了四年，壬繼立為齊君，闞止亦終於得以執掌齊國之大政。

《左傳・哀公十四年》載：「齊簡公之在魯也，闞止有寵焉。及即位，使為政。陳成子（即田常）憚之。」下文接著敘述子我欲逐田氏，以事機不密，田氏先發制人，子我終死於難，在《左傳》此段文中，前稱闞止，後稱子我；子我、即闞止之字也。（蓋一文之中，名字互稱，在《左傳》乃屬通例，可謂觸目皆是。如說子路死難事，前稱季子，後稱子路，便是其例。）而宰我亦字子我，故宋于庭《過庭錄》謂：

「宰我，即闞止字子我也。宰我之先，蓋嘗食采於闞（齊地名），故仕於齊為闞止。宰我本魯人，簡公在魯，故事之而有寵。及即位，而使為政，為陳成子所憚，有正色立朝之概。子我與簡公，有與為存亡之道。則其人賢者之流，宰我庶幾當此。《史記．田齊世家》以闞止謂監止，以子我為監止之宗人，皆記載凌雜，致一人分為二三也。」

宋氏的話，平情合理，宜可採信。《史記．仲尼弟子列傳》亦謂：

> 宰我為臨菑大夫（宰我仕齊，齊都臨菑，故云臨菑大夫），與田常作亂，以夷其族。（與訓以，謂宰我以田常作亂之故，而夷三族也。——據陳奇猷《韓非子集釋》）

關於宰我仕齊而死難的事，《韓非子．難言》，《呂氏春秋．慎勢》，《淮南子．人間訓》，《史記．李斯列傳》，《鹽鐵論．殊路》、〈頌賢〉，《說苑．正諫》、〈指武〉，此諸書皆有記載，而且其事跡與《左傳》所說正相類同，則闞止、宰我，乃一人而異名，更無可疑。錢穆先生在其《先秦諸子繫年考辨》卷一「宰我死齊考」條中，還曾為「子我（闞止）即宰我」舉出一個旁證。他說：

> 《史記．齊世家》曰：成子（田常）將殺大陸子方（即東郭賈，齊之大夫），田逆請而免；田豹與之車，勿受，曰：「逆為余請，豹與余車，余有私焉。事子我而有私於其讎，何以見魯衛之士？」（服虔曰：子方將欲奔魯衛。）而予謂此亦子我即宰我之旁

證也。孔門諸徒盛於魯衛，故子方如是云云耳。

錢氏所言，很切情理。大陸子方為宰我之黨，宰我既遇難，他便很自然地想到出奔於孔門弟子甚眾的魯衛。但如接受田氏的私惠，則尚有何面目以見魯衛之士？依上所述，宰我之仕齊與死難，應該可以確定了。他仕齊而主張去田氏，和他在魯時主張去三桓是一致的。這同是表示一個重振朝綱的政治理想，亦即孔子所說「君君臣臣」的意思。宰我死後，田常終於劫弒齊簡公，而且盡誅鮑氏晏氏及公族之強者。由此亦可以反顯：當宰我為政於齊時，對齊國的政局，是有其安定性的影響力的。可惜史籍有缺，關於他在齊為政四年的具體建樹，我們無從詳考了。

宰我的身後

宰我先子路一年死。他的年歲，史籍無可考見，大約略長於子貢。據此推算，則他死難時不過四十多歲，那正是人生的鼎盛時期，英年死難，這該是多麼可惜的事！而更可惋歎的，是宰我的身後，非常寂寞。他與子貢同長於言語，嫻於辭令，而又見信於其君，豈不亦有接遇賓客，應對諸侯之嘉言美語，足以傳世？而遺聞佚事，竟略無存，徒以利口見稱！其「智足以知聖人」，而亦無懿行留傳，竟以朽木糞牆見責！太史公曰：「學者多稱七十子之徒，譽者或過其實，毀者或損其真。」（〈仲尼弟子列傳〉宰我，無疑是受毀最多的一個。尋思此中原因，亦有可得而言者：

1. 宰我久於從政，及其死，無門人弟子為之道譽，所以他的嘉言懿行，不能顯揚於後世。

2. 《論語》本成於齊魯諸儒，而編纂成書，則已是戰國時代的事。那時田氏已得志，而魯國又為田齊所弱；大概田氏對於宰我銜恨甚深，或竟長時期對他醜詆詬誣，而朝政之威又往往足以顛倒是非黑白。《論語》編者，未察及此，遂致《論語》所載，獨於宰我多深責之辭。

3. 宰我是一跅弛之才，其為人深於自信而獨行其是。據《左傳・哀公十四年》的記載，當齊公孫推薦陳豹為宰我之家臣時，曾提供警告稱：「有陳豹者，長而上僂，望視，事君必得志（謂必能得君子之意）；欲為子臣，吾憚其為人也，故緩以告。」子我曰：「何害？是其在我也。」乃使為臣。這是宰我恃己之才氣過人，以為用舍之權在我，陳豹必不能為害。但後來陳豹果然洩密，而使田氏制於機先，宰我終因此而死於難。全祖望《經史問答》說宰我「才未足以定亂」，可能就是由於他獨行其是而師心自用吧。而這種性格，是不易為人所稱揚的。

我們綜觀宰我的生平志行，可知他是一個有志概，有擔當，而敢於挺身「援天下以手」的賢豪之士。可惜「生不逢伯樂之舉而遇狂屠，故君子傷之。」（《鹽鐵論・頌賢》篇語）

我們試將子貢與宰我的身後遭際兩相參較：一則增美，一則加醜；便會覺得傳聞是非之不足深憑，而不禁要為宰我慨然一歎了。

九、賢達敏辯的子貢

子貢的器能

子貢，姓端木，名賜，字子貢（貢亦作贛），因為他是衛國人，所以《左傳》又稱衛賜，少孔子三十一歲。子貢天資敏達，是個極有才幹的人。有一次他問孔子：

「賜也何如？」子曰：「女（同汝）器也。」曰：「何器也？」曰：「瑚璉也。」（〈公冶長〉）

瑚璉，是宗廟中盛黍稷用的祭器，木製，以玉飾之，貴重而華美。孔子曾說「賜也達，於從政乎何有！」（〈雍也〉）這裡以宗廟貴器比之，亦即後世所謂「廊廟之材」的意思。子貢嘗問：「如有博施於民，而能濟眾，何如？」雖然孔子以為「堯舜其猶病諸！」（〈雍也〉）但子貢的匡濟襟懷，即此可見。子貢與宰我同列十哲「言語」之科，孟子亦稱他「善為說辭」。因而他的政才，亦就很自然地表達在外交方面。

關於子貢善於外交辭令的事跡，《左傳》記載不少。如①魯哀公七年，魯與吳會於鄫，吳太宰嚭召季康子，康子使子貢辭。②十一年吳魯伐齊（艾陵之戰），夫差賜叔孫武叔甲劍鈹（鈹，劍而刀裝者，劍兩刃，刀一刃，而裝不同。或曰：鈹，大矛也。）武叔未能對，子貢見機而進，代武叔對吳王之命。③十二年，夫差使太宰嚭請尋盟，哀公不欲，使子貢辭。④同年，吳會諸侯（黃池之會前一年），衛君後至，吳將執之，子貢說吳太宰而免衛君之難。⑤十五年，魯及齊平，子貢為介，說陳成子，一言而使齊歸成邑於魯。十二年之後——哀公二十七年，越王（滅吳後五年）遣使至魯，求地要盟，季康子窮於應付，這時乃想起子貢來，說：「若在此，吾不及此夫！」子貢的外交才能，令康子這樣思念不置！

《左傳》所記子貢的辭令，都極有識度，而辭采尤斐亹可觀。茲錄一節，以見其概：

（哀）公會吳於橐皋（今安徽巢縣西北），吳子（夫差）使太宰嚭請尋盟（尋，重也，尋盟，謂重申舊盟。），公不欲，使子貢對曰：「盟，所以周信（固信）也，故心以制之（制其義），玉帛以奉之（奉贊神明），言以結之（結其信），明神以要之（要，平聲。告於神明，要以禍福）。寡君以為苟有盟焉，弗可改也已，若猶可改，日盟（日日尋盟）何益？今吾子曰：必尋盟，若可尋也，亦可寒也。」乃不尋盟。（〈哀公十二年〉）

子貢這番話，義甚正而辭甚利。「若可尋也，亦可寒也」一語，尤足立誠辨偽，垂戒千古。而「善為說辭」與「縱橫辯士」之不同，亦由此可見。至於《史記．仲尼弟子列傳》說子貢奉孔子之命，一出而「救魯、亡吳、強晉而霸越」，都是憑他三寸不爛之舌，那卻是誇張失實的話——子貢自有此才，然必不帶此縱橫氣。只為子貢常相魯衛，折衝樽俎，有盛名於當世，所以這類縱橫家言，亦就附麗在他身上了。

子貢另一面的長才，是善於貨殖。孔子說過：「賜貨殖焉，億則屢中。」（〈先進〉）貨殖、是居積生財之意，億是猜度。子貢才識明敏，所以料事多中。《史記．貨殖列傳》贊曰：「布衣匹夫之人，不害於政，不妨百姓，取與以時，而息財富，智者有采（採取）焉。」子貢是一個智者，故亦「好廢舉，與時轉貨貲。」他真深知貨殖三昧：人棄我取，買賤賣貴。故能利市三倍，家累千金。但子貢之智，卻不在他能夠創造財富，而在於他懂得運用財富。能「取予以時，而息（孳息）財富」的人，算得是智者；而懂得憑藉財富以創造價值的人，則可謂既智且賢了。太史公曰：

「七十子之徒，賜最饒富；結駟連騎，束帛之幣以聘享諸侯，所至國君無不分庭與之抗禮。夫使孔子名布揚於天下者，子貢先後之也。」（〈貨殖列傳〉）

「使孔子名布揚於天下」，當然不同於普通的揄揚。蓋「天將以夫子為木鐸」，而子貢只是將這木鐸的教音，反覆傳示於天下，以為孔子之道作見證耳。往時，見商店一副聯語：「經商不讓陶朱富，貨殖何妨子貢賢。」上聯意思平常，下聯則頗蘊藉有意味。我們常覺商人傖俗，實則不是經商傖俗人，人自傖俗耳。貨殖所以不妨子貢之賢，是因為貨殖只是子貢生命活動的一個方面，卻不是子貢生命投注於貨殖之中。子貢是真正懂得財富必須為人文服務，以使銀錢化為價值的人。

子貢的方識

子貢的慧敏穎悟，幾乎可以與顏回相比，《論語》書中，孔子就曾二次以他的顏回相提並論：

子曰：「回也其庶乎！屢空。賜也不受命，而貨殖焉，億則屢中。」（〈先進〉）

子謂子貢曰：「女（同汝）與回也孰愈？」對曰：「賜也何敢望回？回也聞一以知十，賜也聞一以知二。」子曰：「弗如也，吾與女弗如也。」（〈公冶長〉）

回、賜二人，皆孔門聰慧特達之士。回沉潛而賜高明，以言涵養之粹與造詣之深，則子貢自非顏子之比。子貢知道自己不如顏子，不僅是他的明達之識，亦是服善之誠，所以孔子特別贊許（與、許也）他的知人與自知之明。子貢聞一知二，善於推此以知彼。他不但見微知著，億則屢中；且能由隱推顯，以察知人生的窮通得失與生死壽夭之幾。據《左傳》：

春，邾隱公來朝，子貢觀焉。邾子執玉高，其容仰；公受玉帛，其容俯。子貢曰：「以禮觀之，二君者，皆有死亡焉。夫禮，死生存亡之體也（死生存亡皆係於禮，如人之有體也）。將左右周旋，進退俯仰，於是乎取之；朝祀喪戎，於是乎觀之。今正月相朝而皆不度（為禮不合度），心已亡矣。嘉事不體（朝禮，嘉事也，而不得其體之正，即如人之無體也），何以能久？高仰，驕也；卑俯，替（衰替）也。驕近死，替近疾，君（定公）為主，其先亡乎？」（〈定公十五年〉）

是年夏五月，定公果然亡故，孔子說：「賜不幸言而中，是使賜多言者也。」（見《孔子家語・辨物》）後來，孔子逝世，魯哀公誄之曰：

「旻天不弔，不慭遺一老。（慭、願也，慭與寧，聲轉相通。意謂上天不恤魯國，不願為魯留一國老也。）俾屏余一人以在位，煢煢余在疚（使屏棄我一人居於位，煢煢然若在病中）。嗚呼哀哉，尼父！無自律（言孔子既沒，自己將無儀型法度可循矣）！」子贛曰：「君其不沒於魯乎？夫子之言曰：禮失則昏，名失則愆；失志為昏，失所為愆。生不能用（孔子），死而誄之，非禮也。稱一人，非名也（天子稱一人，非諸侯之名也）。君兩失之。」（《左傳．哀公十六年》）

哀公失禮、失名，子貢斷其「不得沒於魯」。過了十一年，哀公想借諸侯之兵以去三桓，乃如越請師，終於客死。（見《左傳．哀公二十七年》）這又應了子貢的預言。

因為子貢才識過人，議論多中，因而亦就喜歡比方人物，以較論他人的優長短缺。《論語》載：

子貢方人，子曰：「賜也賢乎哉？夫我則不暇。」（〈憲問〉）

較量他人長短，容易心馳於外，這自然必須時時警覺。不過，知人論世，「方人」實所難免；而子貢品鑒人物，亦正有他過人的識見。所以孔子對於他的警戒亦很溫和。試看「賜也賢乎哉？夫我則不暇。」意味多麼深長，而語意又何等虛婉，這便是聖人的教訓，亦是聖人的幽默。〔附按：孔子所言「犂牛之子」，「殺雞焉用牛刀」，「吾何執，吾執御矣」，「吾與點也」，以及「不知老之將至」，「沽之哉，沽之哉」，「觚不觚，觚哉觚哉」，乃至「學而不厭，誨人不倦，則可謂云爾已矣」，「獲罪於天，無所禱也」等各章，皆見聖人之幽默。凡深心有感慨或事有無可奈何，而出之以輕鬆之情，以化其沉重緊迫之感者，是可與言幽默矣。世方以突梯滑稽為幽默，不知已落「自檜以下」，風趣且說不上，何足語於幽默？只是不正經耳。」

關於子貢的「知人」之識，《論語・子張》篇最後四章所載他論贊孔子的話，皆諦當不可易。他說「仲尼，日月也」。「夫子之不可及，猶天之不可階而升」。後來程子亦常說「仲尼，元氣也」，「仲尼，天地也」一類的話，雖然言之較圓渾精熟，但未必不是遙承子貢之緒的。而以「立之斯立，道之斯行，綏之斯來，動之斯和」言聖人德業功化之妙，尤其契合中肯，善於形容。這僅見其識鑒之慧，二程門人謝上蔡更因此說道：「觀子貢稱聖人語，可知其晚年進德，蓋極於高遠也」。

再如孔子說「聖則吾不能，我學不厭，教不倦也」。子貢接著言道：「學不厭，智也；教不倦，仁也。仁且智，夫子既聖矣。」（《孟子・公孫丑上》）孔子在不厭不倦中呈現他真實生命之「純亦不已」，子貢就從這不厭不倦、仁智之體永永呈露的德慧生命，了解聖之所以為聖，而即肯定孔子之「既聖」，其穎悟，其洞見，不可及也。此外《家語・弟子行》篇記載子貢對於顏回以下十二同門的品評，連孔子亦是笑笑相許的。

子貢之善學

子貢為學的最大長處是善問、善於推理、善於比較異同。他每問一事，必窮源竟委而後已。《論語》載：

子貢問政，子曰：「足食，足兵，民信之矣。」子貢曰：「必不得已而去，於斯三者何先？」曰：「去兵。」子貢曰：「必不得已而去，於斯二者何先？」曰：「去食。自古皆有死，民無信不立？」（〈顏淵〉）

子貢問士，子曰：「行己有恥，使於四方，不辱君命，可謂士矣！」曰：「敢問其次？」曰：「宗族稱孝焉，鄉黨稱弟焉。」曰：「敢問其次？」曰：「言必信，行必果，硜硜然小人哉，抑亦可以為次矣。」曰：「今之從政者何如？」子曰：「噫！斗筲之人，何足算也。」（〈子路〉）

子貢之問，步步逼進，層層深入，直探到底；這種問學精神，後之學者已很少能比得上了。子貢不但善問，而且善於聯想、類推。〈學而〉篇記載：

子貢曰：「貧而無諂，富而無驕，何如？」子曰：「可也。未若貧而樂，富而好禮者也。」

子貢曰：「《詩》云：如切如磋，如琢如磨。其斯之謂與！」子曰：「賜也，始可與言《詩》已矣。告諸往而知來者。」

告往而知來，那是怎樣的穎悟過人。朱注謂：「往者，所已言；來者，所未言。」告往知來，便是聞一知二，亦即依類相推。此章子貢所問與孔子所答，本是有關立身處世的做人之問題，而由做人推想到為學，又聯想到「為學之精益求精，正如治骨角玉石之切磋琢磨」，這就是子貢獨自的契會了。《詩》之比興，婉微深遠，非有穎悟則不能觸機會心，以達其義旨，子貢告往而知來，感悟力特強，所以「可與言《詩》」。

子貢再一個為學的方法是比較異同。據《家語》：

子貢問於孔子曰：「昔者齊君（《說苑》作齊景公）問政於夫子，夫子曰：政在節財。魯君（《說苑》作魯哀公）問政於夫子，夫子曰：政在論臣。葉公問政於夫子，夫子曰：政在悅近而來遠。三者之問一也。而夫子應之不同。然則政有異乎？」孔子曰：「各因其事也……。」（〈辨政〉篇）

為學是應該像子貢這樣注意事理之異同的。一個人能夠「同中見異」、「異中見同」，就表示他的學問有了進境了，子貢在學問上的造詣，我們不敢妄測。不過他重視「多學而識」，因而對於孔子的無言之教，似乎尚有一間未達。《論語》載：

子曰：「予欲無言。」子貢曰：「子如不言，則小子何述焉？」子曰：「天何言哉？四時行焉，百物生焉，天何言哉？」（〈陽貨〉）

子貢因言以求道，這本來亦不能算錯。因為聖道廣大，不言則不能明，然則言語又豈可忽視！但學者如果徒求之於言語之間，而不察於踐履事為之實，則得其言而不能得其所以言，仍將不能精切篤實，反身受用。孔子特發此問以警門人，良有以也。朱注謂：「四時行，百物生，莫非天理發見流行之實，不待言而可見；聖人一動一靜，莫非妙道精義之發，亦天而已，豈待言而顯哉？此亦開示子貢之切，惜乎子貢終不喻也。」按子貢於孔子無言之教一時未契，是事實，但說子貢終不喻，則未免失之武斷。以子貢之聰明穎悟，豈便「終不喻」？子貢說過：「夫子之文章，可得而聞也。夫子之言性與天道，不可得而聞也。」（〈公冶長〉）程子與朱子自己都認為這是子貢聞道之後的歎美之辭（象山亦說：此是子貢後來有所見處——《語錄》）。性與天道，可體證而難言說，子貢此時歎而美之，正表示他學問的造詣，隨著年事漸長，而日臻精熟、日臻高深了。

《荀子．大略》篇有這樣一段記載：

子貢問於孔子曰：「賜倦於學矣！願息事君。」孔子曰：「《詩》云：溫恭朝夕，執事有恪。事君難，事君焉可息哉？」「然則賜願息事親。」孔子曰：「《詩》云：孝子不匱，永錫爾類。事親難，事親焉可息哉？」「然則賜願息於妻子。」孔子曰：「《詩》云：刑於寡妻，至於兄弟，以御於家邦。妻子難，妻子焉可息哉？」「然則賜願息於朋友。」孔子曰：「《詩》云：朋友攸攝，攝以威儀。朋友難，朋友焉可息哉？」「然則賜願息耕。」孔子曰：「《詩》云：晝爾于茅，宵爾索綯，亟其乘屋，其始播百穀。耕難，耕焉可息哉？」「然則賜無息者乎？」孔子曰：「望其壙，皋如也，嵮如也，鬲如也，此則知所息矣！」子貢曰：「大哉死乎！君子息焉，小人休焉。」

生命的倦怠與生命的騰躍，同樣不可思議。子貢心倦於學，而願息於此，息於彼，以求生命之安恬舒適；然而人生艱難，何嘗有一件事、一個地方，可以讓你休息安逸？人生終竟是戒慎恐懼，死而後已的。故子貢五番致意，孔子五次截斷，最後指個纍纍荒塚，子貢悚然警悟；他是翻上來了。一念警策，起死回生，這就是根器之不可思議。不過，假如沒有平日學養所蓄積的力量，以及在師友夾持中對生命方向的貞定，子貢也許會翻不上來。王船山於評論古人之餘常不勝感慨地說：「惜其未聞君子之大道也」。君子之大道維何？聖賢學問而已。唯學問能保任這個根器，唯學問能支持這個根器以使它獲得應有的發展。而子貢，便是一個顯明的例證。

子貢廬墓

子貢是孔門龍象，在顏回、子路去世之後，子貢便成為門生之長了。當孔子之卒，子貢四十二歲。《禮記・檀弓上》載：「孔子之喪，門人疑所服。子貢曰：昔者夫子之喪顏淵，若喪子而無服，喪子路亦然。請喪夫子若喪父而無服。」於是門人從子貢之言，共服心喪三年。《孟子・滕文公上》載其事曰：

> 昔者孔子既沒，三年之外，門人治任（任、擔也，治任、謂整理行裝）將歸，入揖於子貢，相嚮而哭，皆失聲，然後歸。子貢反，築室於場，獨居三年，然後歸。

孔子是一個有道的生命，他承奉天命來作昏沉無道的時代之木鐸。他的人格精神，使一群光明俊偉的青年深受感動；他走到那裡，他的人格精神之感動的振幅，便擴散到那裡。大家追隨著他周流四方，失道絕糧，而心志彌堅，仰敬彌篤。他們嚮往著一個道德文化的理想，他們踐行著一條生命的浩浩大道。他們的活動，在華夏文化的國度裡映現出一幅美麗生動的畫面。只是充盈於那個畫面之上的彩繪與線條，不是丹青；而是貞定篤實的情志、撥亂返治的心願，與未喪斯文的信念。而這些，都是為孔子的有道生命，所鼓舞興發的心靈深處之感動與情不容已的流露。所以孟子說：七十子之服孔子，中心悅而誠服也。明乎此，我們纔能了解：孔子逝世之後，群弟子的哀慟之情與孺慕之思，何以那樣的痛惋，那樣的深摯！尤其子貢，為師心喪三年之不足，而又廬墓獨居三年；其儀型足式，其風義長存，千古之下，一人而已。

其實，受孔子人格精神之感動的，又豈止是他的弟子！他是感動天下人之心，亦徹通後世人之志的。《史記．孔子世家》載：「孔子葬於魯城北泗水上，弟子服心喪既畢，相訣而歸。子貢復廬於冢旁，住三年，然後去。弟子及魯人往從冢而家者，百有餘室，因命曰：孔里。此後，魯世世相傳，以歲時奉祠孔子冢，而諸儒亦講禮、鄉射、大射於孔子冢前。後世因廟藏孔子衣、冠、琴、車、書，至於漢，二百餘年不絕。」至於今，二千五百有餘年，孔子已不僅是中國的孔子，他早已是世界的孔子、人類的孔子了。想望孔子之聖德，益念子貢之風義，一瓣心香，遙薦孔林，千載之下，猶不勝其惓惓之心焉。

十、嫻習禮樂的子游

子游習於禮

子游，姓言名偃，子游是他的字。少孔子四十五歲。《史記．弟子列傳》說子游是吳人，《索隱》引《家語》則說他是魯人。崔述云：「吳之去魯，遠矣。若涉數千里而北學於中國，此不可多得之事；傳記所說子游言行多矣，何以皆無一言及之？且孔子沒後，有子、曾子、子夏、子張，與子游相問答之言甚多；悼公之弔有若也，子游擯（通儐，謂相禮也）；武叔之母之死也，子游在魯；而魯之縣子，公叔戍亦皆與子游遊，子游之非吳人審矣。其子言思，亦仍居魯，則固世為魯人矣。」（《洙泗考信錄》）

在孔門十哲中，子游與子夏同列「文學」之科。文學，指詩書禮樂文章而言，王船山所謂「傳禮樂之遺文，集詩書之實學」是也。子游之學，以習禮自見。今讀《禮記．檀弓》上下兩篇，猶知當時公卿大夫士庶人，凡是議禮而不能決，常以得子游一言以為輕重，可見子游之知禮，在當時是很有權威性的。孔門後進諸賢如有子、曾子、子夏之倫，對於禮都很鄭重，但終不如子游之嫻習得體。茲引〈檀弓〉三節記載，以見其概：

曾子襲裘而弔，子游裼裘而弔。曾子指子游而示人曰：「夫夫也（夫夫、猶言此人），為習於禮者，如之何其裼裘而弔也？」主人既小斂，袒括髮（袒衣，以麻束髮為髻）。子游趨而出，襲裘帶絰而入。曾子曰：「我過矣！我過矣！夫夫是也。」（〈檀弓上〉）

孔穎達疏云：「凡弔喪之禮，主人未變服（變常服為喪服）之前，弔者吉服。吉服者，羔裘玄冠，緇衣素裳，又袒去上服以露裼衣；此裼裘而弔是也。主人既變服之後，弔者雖著朝服，而加武以絰，又掩其上服；若是朋友，又加帶；此襲裘帶絰而入是也。案、〈喪大記〉：弔者襲裘加武帶絰。注云、始死，弔者朝服裼裘如吉時也。小斂，則改襲裘而加武與帶絰矣。武、吉冠之卷也。絰、喪服之戴於首者，以麻為之。加武者、明不改冠，但加絰於武。」陳澔《集說》引方氏曰：「曾子徒知喪事為凶，而不知始死之時尚從吉。此所以始非子游而終善之也。」

衛司徒敬子死，子夏弔焉；主人未小斂，絰而往，子游弔焉，主人既小斂，子游出絰反哭。子夏曰：「聞之也歟？」曰：「聞諸夫子。主人未改服則不絰。」（〈檀弓下〉）

陳氏《集說》云：「司徒，以官為氏也。主人未小斂，則未改服；故弔者不經。子夏經而往弔，非也。其時子游亦弔，俟其小斂後改服，乃出而加經反哭之，則中於禮矣。」〈檀弓下〉又載：

有子與子游立，見孺子慕者。有子謂子游曰：「予壹不知夫喪之踊也，予欲去之久矣！情在於斯，其是也夫？」〔陳氏《集說》云：「有子言喪禮之有踊（跳躍），我不知其何為而然，我久欲除去之矣！今見孺子號慕若此，則哀情之在於此踊，亦如此孺子之號慕也夫？」按慕、思念也；號慕、謂思親而號哭也。〕子游曰：「禮有微情者；有以故興物者；有直情而徑行者，戎狄之道也。禮道則不然。〔陳氏《集說》：子游言先王制禮，使賢者俯而就之，不肖者企而及之。慮賢者之過於情也，故立為哭踊之節，所以殺其情。故曰禮有微情者。微、猶殺也。慮不肖者之不及情也，故為之興起衰經之物，使之睹物思哀。故曰有以故興物者。此二者，皆制禮者酌人情而為之也。若直肆已情，徑率行之；或哀或不哀，漫無制節，則是戎狄之道矣。中國禮義之道，則不如是也。〕人喜則斯陶（鬱陶、心初悅而未暢），陶斯咏（口歌咏之），咏斯猶（動搖身體），猶斯舞，舞斯蹈矣。人悲則斯慍（怒怨），慍斯戚（憂戚），戚斯歎，歎斯辟（撫心），辟斯踊矣。品節斯，斯謂之禮。〔品、階格也，節、制斷也。先王因人情而立制，為之品而使之有等級，為之節而使

> 之有裁限，故情得其止而不過，是乃所謂禮也。）人死，斯惡之矣。無能也，斯倍之矣。是故制絞衾，設蔞翣，為使人勿惡也。（太古無禮之時，人惡見死者之面目，又以人死則無能為，故生者常欲背棄之。絞音肴，束衣之帶。絞衾以飾其體，蔞翣（音柳霎）以飾其棺，如此，則不見死者面目之可惡矣。）始死，脯醢之奠；將行，遣而行之；既葬，而食之；未有見其饗之者也！自上世以來未之有舍也，為使人勿倍也。（始死、則為脯醢之奠，將葬、則有包裹牲體之遣，既葬、則有虞祭之食——還祭於殯宮曰虞，何嘗見死者享之乎？然自上世以來，未聞有捨而不為者。先王制禮，為使人勿背棄之也。）故子之刺於禮者，亦非禮之訾也。（謂有子欲除去喪禮之踊，然踊實不足為禮之疵病也。）」

上引〈檀弓〉三節，似乎都是一些儀文末節，所以有人說子游是禮之形式主義者。這話似乎可說而實有未妥。按禮者所以節情，情得其正，哀樂不失其中，然後和於人心。而禮之形式，乃是生活的節度，有了節度，人情之發纔有一個適當的範圍，而不至於發生過與不及的現象。所以，任何一項儀文末節，在制禮之初，都是有深意的。到了後世，亡失禮意而徒存形式，那就有如「告朔之餼羊」了！但孔子卻說「爾愛其羊，我愛其禮。」（〈八佾〉）因為「名」能保存則其「實」也終有可復之時。所以禮的形式還是不能不措意的。何況照上面的引述看，子游不但嫻習於禮，而能行之得體；並且對於先王制禮之意，亦能言之明通而曲

達人情。所以子貢稱讚他說：「先成其慮，及事而用之，故動而不妄，是言偃之行也。」（《家語・弟子行》）

子游宰邑滿城弦歌

子游不只是習熟禮儀，明達禮意，而且能行禮樂之教。《論語》載：

子之武城，聞弦歌聲。夫子莞爾而笑曰：「割雞焉用牛刀？」子游對曰：「昔者偃也聞諸夫子曰：君子學道則愛人，小人學道則易使也。」子曰：「二三子，偃之言是也。前言戲之耳。」（〈陽貨〉）

之、往也。武城、魯邑名。子游為武城宰，以禮樂為教，所以孔子一到武城，便聽到一片弦歌聲。割雞焉用牛刀，是一句譬喻之言。孔子的意思，是說禮樂大道乃用來治國平天下的，今子游以禮樂治此小邑，正像用牛刀來殺雞。他一方面惋惜子游大才小用，一方面亦是對子游能行禮樂表示欣慰。君子、指在位者，小人，指小民，道、謂禮樂。子游根據孔子往日的教訓，說在位君子學禮樂，則能愛人行道；一般小民學禮樂，則能遵行禮法，易於使令。武城雖然是個小邑，但以禮樂教民，總是應該的事。孔子覺得子游對他的一句譬喻戲言太認真了，恐怕隨行的弟子真的誤會治小邑不必行禮樂，所以當下輕輕點破。「前言戲之耳」，這是何等坦蕩親切的言語！

武城弦歌一章，最見嘉祥風光。師弟一行，少長同趨，真有一種「如登春臺」的景象。試想孔子一生，周流四方，道終不行；老而歸魯，刪詩序書，訂禮正樂，他正如《桃花扇》中柳敬亭所說的鼓詞：「任憑那桑田變滄海，滄海變桑田，俺那老夫子，只管矇矓兩眼定六經。」這時孔子無窮的心願，只是寄託於來者！今到武城，忽聽得弦歌盈耳，不禁心為之喜，遂將滿懷嘉喜之情，化為戲言以出之。這是他興到神來，偶而作此趣語，以與子游輕鬆說笑。當時子游年事尚輕，不會聖心，於是敬謹辯解；一陣春風，幾乎變成秋陽！後經孔子輕輕一言，談笑間，纔又和風惠暢，春滿大地。程子說：「仲尼，天地也。」天地有「春生」，於此，可見孔子之春生焉。

子游之知人

子游不僅能行禮樂之教，而且具有知人的特識。《論語》說他為武城宰時，孔子特別垂問：「汝得人焉耳乎」？子游答道：

「有澹臺滅明者，行不由徑；非公事，未嘗至於偃之室也。」（〈雍也〉）

行不由徑，可謂迂矣。非公事不見邑宰，可謂介矣。此等人在一般社會，常不免成為取笑的對象，而子游獨能鑒識而加以稱賞。從行不由徑，而知其人之行趨之正；從非公事不見邑宰，而知其人之持身方直。然而世道日下，誰能自好？誰非阿私？唯有澹臺滅明能夠俯視一切，懍懍然持志自守，可見其人確是一個不枉己而徇人的有道君子。自古為政治民，首在表勵風俗。如今子游為宰，獨能識拔像滅明這種寧方勿圓，寧樸無華的人，其識見可謂高人一等。王船山說：「子游以文學宰邑，而所得者質樸勇決之士，斯君子之儒乎！」（《四書訓義》）滅明後為孔子弟子，孔子既沒，他「南遊至江，從弟子數百人，設取予去就，名施於諸侯。」亦可說不負子游的引薦了。

子游的知人之識，與子貢之方人又不同。他的知人之明，常寓於道義相勉之師友之義中。他說「吾友張也，為難能也，然而未仁。」這是愛重子張之才高大度，而期勉他能進於仁。他說：「子夏之門人小子，當灑掃應對進退，則可矣！抑末也；本之則無，如之何？」這是唯恐子夏之泥於器藝而忽於大道，所以特別指出教學之本以為警戒。子游的話，辭甚簡而意極警策。在這些地方，正可看出大賢的器識及其責善的友道精神。

孟子曾說「宰我子夏有若，智足以知聖人」；而據《說苑》的記載，子游亦正有他「知聖人」的洞見特識，而又善於形容：

季康子謂子游曰：「仁者愛人乎？」子游曰：「然。」「人亦愛之乎？」子游曰：

「然。」康子曰：「鄭子產死，鄭人丈夫舍玦珮（男子不佩玉），婦人舍珠珥（女子不戴耳環），夫婦巷哭（哭於街巷），三月不聞竽琴之聲。仲尼之死，吾不聞魯國之愛夫子，奚也（何也）？」子游曰：「譬子產於夫子，其猶浸水之與天雨乎！（浸水、謂溝渠灌溉之水）浸水所及則生，不及則死。斯民之生也，必以時雨（天雨）；既以生，莫愛其賜。故曰、譬子產之於夫子也，猶浸水與天雨乎？」（〈貴德〉篇）

子產是春秋後期的大政治家，他在鄭國被稱為「眾民之母」，可見他對人民的惠愛之深。但他的惠澤，在時間上說，是及身而止；所以鄭人輿誦有云：「子產而死，誰其嗣之！」擔心無人以嗣之，那正是感到子產的惠澤，不免要人亡政息的原故。而在空間上說，則如子游所言，好比浸水之潤，及之則生，不及則死。惠澤雖深而所及有限，只是《中庸》所謂「小德川流」而已。而孔子，則是「大德敦化」，有如陽光、空氣、水（天雨），其惠澤普及生民而民不知，所以說「既以生，而莫愛其賜」。季康子懷疑孔子不如子產，與叔孫武叔、陳子禽之流說「子貢賢於仲尼」，正是同一層次的淺識陋見。子游回答康子的話，真是其識卓哉！

子游與禮運大同

子游以禮樂治武城，使孔子之道得到一個具體而真實的證驗。相傳《戴記・禮運・大同》之篇，便是原於子游的緒言。茲錄篇首二章以見其旨：

昔者仲尼與於蜡賓（與音預，蜡音乍，祭名，孔子時為助祭之賓），喟然而歎。仲尼之歎，蓋歎魯也。言偃在側曰：君子何歎？孔子曰：大道之行也，與三代之英，丘未之逮也，而有志焉。大道之行也，天下為公。選賢與能，講信修睦。故人不獨親其親，不獨子其子；使老有所終，壯有所用，幼有所長，矜（同鰥）寡孤獨廢疾者皆有所養。男有分（職分），女有歸（歸宿）。貨惡其棄於地也，不必藏於己（資源貨財之開發生產，不必據為己有，應為公眾共同享用）；力惡其不出於身也，不必為己（為、去聲。勞力生產，不可獨營私利，應共謀社會之福利）。是故謀閉而不興（奸詐之謀，閉塞而不興），盜竊亂賊而不作，故外戶而不閉，是謂大同。

今大道既隱，天下為家。各親其親，各子其子，貨力為己。大人世及以為禮（父子曰世，兄弟曰及，謂天子諸侯傳位於子弟），城郭溝池以為固。禮義以為紀（綱紀）。以正君臣，以篤父子，以睦兄弟，以和夫婦；以設制度，以立田里，以賢勇知（崇尚勇智），以功為己。故謀用是作，而兵由此起。禹湯文武成王周公，由此其選也。此六君子者，未有不謹於禮者也。以著其義（著、明也），以考其信（考、成也），著有過（民有過則明正其罪），刑仁（刑通型，猶則也，以仁愛之道為則也）、講讓，示民有常（謂以禮、義、信、仁、讓五者為常道以示民，使之遵行以成規範）。如有不由此者，在埶者去，眾以為殃。（如有國君不依此道，雖有權勢，天下之民亦必以為禍害而黜去之。如禹征三苗、湯伐葛放桀、文王伐崇、武王伐紂、周公滅奄，皆以其殃民也。）是謂小康。

〈大同〉章，綜「政治」「教化」「經濟」三者以為說，描繪出一個「為政以德」的「大同」境界，這正是儒家最高的政治理想。但大同小康之說，學者頗疑之。茲略辨明於後：

①或曰：大同小康之說，實本道家之意，甚至有人說是出於墨子。實則，道家最反對禮，亦不重視人倫教化，更不重視貨財人力之開發；至於墨子，則既不肯定禮樂之教，講兼愛亦無親疏之別。二家思想都和〈大同〉章的宗趣迥然不同，怎麼能講大同之說本乎道家，出於墨子？

②或曰：孔子祖述堯舜，憲章文武，歷來儒者亦都盛稱堯舜三代之德，而〈小康〉章獨貶三代，以禮治為大道之隱，認三代為小小安康之世，似乎不像是儒家之言。其實，儒家稱三代盛世，是從歷史文化之業績說，從禹湯文武周公之德說；而大同小康之辨，則從政教之最高原則與理想說，從對堯舜禪讓之嚮往說。二者並無刺繆矛盾之處。以三代為小康，主要關鍵是在「天下為家而不為公」一義，無論如何，總不能說三代家天下是義理之公也。孔孟以下，儒者尚稱三代，並不表示承認「家天下」為合理，只為三代王政還能藏天下於天下，猶愈於秦漢以後君主專制之藏天下於筐篋耳。然則，〈禮運〉貶三代，而以「天下為家」者

為「小康」，而致望於「天下為公」的「大同」之治，正是儒家在義理上必然的歸趨，有何可疑？

③或曰：《戴記》輯成於漢代，為時甚晚，不能因為篇首有孔子曰云云，便據以認定真為孔子之言。按、〈大同〉〈小康〉篇的記述，雖然沒有積極的證據，可以斷定為孔子親口所說，但孔子既然推尊堯舜，則大同之說，自然應為孔子思想所含有。孔門後學承述孔子之意而推本於孔子，有何不可？況且我們亦並沒有確切的證據，以斷定大同之說一定不是孔子的言論呀！

此外，《家語》曾說「孔子為魯司寇，與於蜡」。鄭玄亦說「時孔子仕魯，在助祭之中。」（〈禮運注〉）於是後儒多謂孔子五十一歲為魯司寇，子游年方六歲，孔子去魯年五十五，子游十歲耳，則孔子安得與子游言大同小康於觀闕之上乎？這個說法，看起來似乎不可反駁，但參加蜡祭做助祭之賓，固然應該在仕魯之時，卻不一定要在做司寇時。孔子自衛返魯，仍在大夫之列（《左傳．哀公十四年》與《論語．憲問》篇，都記載陳成子弒齊簡公，孔子請討之，有「以吾從大夫之後」的話），祭祀之事既為孔子素所重視，而蜡又是大祭，我們怎能斷定孔子「與於蜡賓」，一定不是在他返魯為國老的時候呢？然則，蜡祭完畢，孔子在感歎之餘，乃與子游論及大同小康之義，為何必不可能？所以對〈禮運〉這一段記載表示闕疑則可，假若一定要說子游不及聞孔子大同之論，那就不免失之固蔽而有欠通達了。

一一、教授傳經的子夏

子夏之論學

子夏，姓卜名商，字子夏。少孔子四十四歲。《史記集解》引《家語》曰：衛人。引鄭玄曰：溫國人。檀弓孔穎達疏則曰：魏人。按、溫本為周武王時司寇蘇忿生之國，魯僖公十年，狄一度滅溫，溫子奔衛。後溫邑歸晉，三家分晉時，溫屬魏氏。鄭云溫人，孔云魏人，兩說並無實質上之不同。不過，子夏生時，根本還沒有魏國。當三家共滅知氏而分晉時，子夏五十五歲（周貞定王十六年，魯悼公十五年）；到魏文正式稱侯，子夏已經八十多歲了。即使子夏生時，溫邑已歸魏氏，而魏氏乃晉之大夫，亦不能稱魏國也。《家語》以子夏為衛人，據《史記索隱》：「溫國，今河內溫縣，元屬衛故。」是溫邑亦嘗屬衛。而且董仲舒《春秋繁露・俞序》篇已經稱「衛子夏」，可知以子夏為衛人，並不是從王肅《家語》開始。

子夏在孔門，與子游同列「文學」之科，《論語》記載他的論學之言，皆能篤守孔門之矩矱。茲舉三章，以見其概：

子夏曰：「賢賢易色，事父母能竭其力，事君能致其身，與朋友交、言而有信。雖曰未學，吾必謂之學矣！」（〈學而〉）

賢賢、上賢字作動詞用，乃敬重之意。易，替易、換易也。賢賢易色，即何氏《集解》所謂「以好色之心以好賢」是也。孔子嘗歎「未見好德如好色者」，一個人如果真能「賢人之賢而易其好色之心」，亦就可說是「好德如好色」了。致、猶委也。事君者不得私愛其身，所以要委致其身，亦即獻身盡忠的意思。子夏認為學之為道，固然多端，而最重要的是能盡人倫之道。今有人焉，生質甚美，克盡人倫，雖未嘗從師為學，然其所為自然脗合學之本旨，豈可不謂之已學乎？子夏此言與子路所謂「何必讀書，然後為學？」旨意正相近。於此，亦可看出孔門學風之篤實。

子夏曰：「日知其所亡，月無忘其所能，可謂好學已矣。」（〈子張〉）

皇疏云：「日知其所亡（同無），知新也；月無忘其所能，溫故也。」人能溫故而知新，則其與時俱進之功，充分表出。謂之好學，誰曰不宜？人而好學如此，自能「雖愚必明，雖柔必強」。

子夏曰：「博學而篤志，切問而近思，仁在其中矣！」（〈子張〉）

朱注引蘇氏曰：「博學而志不篤，則大而無成。泛問遠思，則勞而無功。」所以博學必繼之以篤志；不見異思遷，不半途而廢，就所學之理，潛心深造，以求自得，此便是篤志。問而後必繼之以思；切問、是切於事理，不浮泛而問，近思、是就所問之事理，實心體認，不懸空而思。人必隨時學問，隨時力行，而篤志近思便是力行時之「常惺惺」。仁之為道，至篤至近，篤志近思，則心不外馳，而操存益熟，故曰仁在其中矣。

據上所引述，子夏論學之意已大體可見。另《論語・子張》篇所載子夏之言，如「雖小道，必有可觀者焉，致遠恐泥，是以君子不為也。」如「大德不踰閑，小德出入可也。」亦見其心志弘遠，略無拘拘之態，故知後儒謂子夏「褊隘局謹」者，亦比較而言之耳。

可與言《詩》

子夏以文學名，而尤長於《詩》。《禮記・孔子閒居》一文，就是子夏問《詩》於孔子的記載。據《論語》，孔子所許以可與言《詩》的，只有子貢與子夏二人。〈八佾〉篇載：

子夏問曰：「巧笑倩兮，美目盼兮，素以為絢兮。何謂也？」子曰：「繪事後素。」曰：「禮後乎！」子曰：「起予者商也！始可與言《詩》已矣。」

倩、口頰含笑貌。笑之貌，美在口頰，所以說巧笑倩兮。盼、美人動目貌。黑白分明之目，美在秋波流盼，所以說美目盼兮。朱注謂：「素、粉地，畫之質也。絢、采色，畫之飾也。言人有此倩盼之美質，而又加以華采之飾，如有素地而加采色也。子夏疑其反謂以素為飾，故問之。」按、巧笑美目二句，見《詩經・衛風・碩人》第二章，但無「素以為絢」句，故朱子以此三句為逸詩。繪事後素、朱注解為繪事「後於素」，謂「繪畫之事，先以粉地為質，而後施五采；猶人有美質，然後可加文飾。禮必以忠信為質，猶繪事必以素粉為先也。」子夏聞孔子「繪事後素」之答，遂悟知禮之節文，後於忠信之質。「禮後乎！」乃悟語，非問語也。子夏因論《詩》而及於禮，孔子喜而讚之，說他能起發我之旨意，故許以「可與言《詩》」。朱注引謝氏曰：「子貢因論學而知《詩》，子夏因論《詩》而知學，故皆可與言《詩》。」又引楊氏曰：「甘受和，白受采，忠信之人，可以學禮。（按此四句為《禮記・禮器》篇語）苟非其實，禮不虛行，此繪事後素之說也。孔子曰繪事後素，子夏曰禮後乎，可謂能繼其志矣。非得之言意之表者，能之乎？商、賜可與言詩者，以此。若夫玩心於章句之末，則其為詩也，固而已矣。所謂起予，則亦相長之義也。」

今按：朱注之說，於義理蓋甚當。然「素以為絢」與「繪事後素」之說，多有異解。茲再表列朱注之意，以便後文之說明：

原句	先	後	朱注之意
素以為絢	素（倩盼之美質）	絢（華采之飾）	此就美女而言。意謂人有倩盼之美質，乃可加以華采之飾，而更見其容色之美也。
繪事後素	素（粉地）	繪事（施五采）	此就繪事而言。意謂先有粉地之質，再施五采，乃成其繪事之美也。
禮後乎	（忠信之質）	禮	此就禮而言。意謂人有忠信之質，而後乃能習禮之節文，以成其君子之德也。

朱注之說，特點有二：一是素以為絢之「素」，用以指「倩盼之美質」。一是繪事「後素」，解為「後於素」。此皆與各家不同。《集解》引鄭玄云：「凡繪事，先布眾色，然後以素分布其間，以成其文。」此乃謂繪事「後施素」，與朱注「後於素」之說適相反。各家多從鄭說，故於前後二「素」字之解釋，亦與朱注相異。茲剪裁諸家之說列於後，藉供參證：

(1)素、謂素粉，絢、乃文采之義。「素以為絢」者，喻美女有巧笑之倩、美目之盼，復加以素粉之飾，將益增面容之絢麗也。「繪事後素」，乃孔子舉繪畫為喻以答子夏，意謂美女有倩盼而復施素粉以增其絢麗，正如繪畫之事先布眾采，而後再以粉白線條加以鈎勒，乃能成其采色之鮮明。子夏聞孔子繪事後素之答，遂悟知人有忠信之質，亦須加以禮文之飾，其美善乃益彰；素粉後施，禮亦後起也。故曰「禮後乎」。

⑵「繪事後素」之素，同⑴後施素粉之說。「素以為絢」之素，則指縞素之衣。（《說文》：素、白緻繒也。《爾雅》：縞之精者曰素。）古禮，凡后夫人見君及見賓客，皆服素；亦大夫妻之上服也。言人既有倩盼之美，又服此縞素之衣，乃益覺其光輝絢麗。子夏未喻詩意，孔子遂借繪事略加證明，故子夏恍然悟出禮後之義。孔子以「繪素」喻「衣素」，子夏則因「素後」而悟「禮後」也。

就三句逸詩之文意言，此二說似較朱注為順。至「繪事後素」之說，則各有當。蓋周秦以前之繪事，考證為難；而素之先後，亦可因「素」字之解釋不同而有異：以素為繪畫之質地，則為先；以之為素粉，則後施也。觀乎《論語》記孔子論禮之言，特重禮之本質，（如「人而不仁，如禮何？」即其一例。）則朱注解素為粉地，以繪事後於素喻禮文後於忠信之質，亦可謂深得孔子之意耳。

至於子夏學《詩》的造詣，自然已無從深考，姑引《韓詩外傳》一則，藉以略見一斑：

> 子夏學《詩》已畢，孔子問曰：「爾亦何大於《詩》也？」子夏對曰：「《詩》之於事也，昭然若日月，燎然若星辰；上有堯舜之道，下有三王之義；雖居蓬戶之中，彈琴以詠先王之風，亦可發憤忘食矣。

子夏居西河教授

《史記》云：「孔子既沒，子夏居西河教授，為魏文侯師。」（〈仲尼弟子列傳〉）據錢穆《諸子繫年》之考證，魏文初立，在周貞定王二十三年，即孔子卒後之三十三年，時子夏年六十二（孔子卒時，子夏年二十九）。魏文以大夫僭國，禮賢下士，以收人望，邀譽於諸侯，而遊士亦依以發跡，故魏文之禮敬賢者，實開戰國養士之風，而於先秦學術之興衰，關係固甚重大。子夏在孔子生前，已嶄然露頭角，至魏文初立，則已巍然大師矣。《禮記・檀弓》載子夏喪其子而喪其明，曾子弔之，有云：「吾與汝事夫子於洙泗之間，退而老於西河之上，使西河之民疑汝於夫子（疑通擬，比也），爾罪一也。」西河之民視子夏如孔子，則子夏晚年人望之隆可知。（曾子責之，是另一義。）魏文亦賢者，故能尊禮子夏而師事之。

子夏所居之西河，鄭玄檀弓注謂：「西河，自龍門至華陰之地。」《史記索隱》亦云：「西河在河東郡之西界，蓋近龍門。劉氏云：今同州河西縣有子夏石室學堂是也。」《正義》則謂：「西河郡今汾州也，子夏所教處。汾州隰城縣北四十里有謁泉山，崖有一石室，子夏退老西河居此。有卜商神祠，今見在。」錢氏《繫年考辨》以為孔門弟子，不出魯衛齊宋之間，孔子死，而子貢居齊衛，子游子張曾子居魯，何以子夏獨僻居黃河之西、龍門之附近？其地在戰國初尚無文教可言，謂子夏設教其間，事殊可疑。據錢氏之考定，子夏居西河，乃在東方河濟之間，不在西土龍門汾州。其主要之論據如左：

1.《史記・孔子世家》：「衛靈公問孔子，蒲可伐乎？對曰：可。其男子有死之志，婦人有保西河之志。吾所伐者，不過四五人。」公叔氏欲以蒲邑投奔他國，男子不樂從而有死守之志，婦人恐懼，欲退保西河。據此而言，西河即指匡、蒲迤西北之大河而言。婦人不欲男子死守，故欲渡河，強援天險以自保耳。

2.《隋圖經》：「安陽有西河，即卜子夏、田子方、段干木所遊之地，以趙魏多儒，在齊魯鄒之西，故呼西河。」《太平寰宇記》亦謂：「相州安陽有西河」。

3.《太平御覽》引《竹書紀年》：「河亶甲整即位，自囂遷於相。」而《呂氏春秋・音初》篇：「殷整甲徙宅西河。」可知西河即指相州安陽之地。

4.《孟子》：「王豹處於淇，而河西善謳。」河西即西河也。趙歧注謂「北流河之西。」以別於龍門西河之在南流河之西也。（按黃河自河套向南流，故曰南流河。至潼關折向東流，而故道至延津則又轉向北流故趙注稱北流河。）

5.《藝文類聚》、《文選注》、劉孝標《辨命論》，並引《尚書大傳》「子夏對夫子云，退而窮居河濟之間。」〈檀弓〉謂子夏退老於西河之上，猶此謂窮居河濟之間也。且曾子老而赴西河弔子夏喪子喪明，則其地決不在千里外之陝西龍門也。

此外，《史記・魏世家》：「李克謂翟璜曰：魏成子（文侯弟）東得卜子夏、田子方、段干木」。夫稱「東得」，則又子夏退居之地不在西土而在東方之證，且魏文居鄴，魏武居魏縣，亦與子夏居河濟之間者為近，而遠於西土龍門。《聖門志》云：「子夏墓在山東兗州府曹州西四十里之卜堌都。」據此，則子夏之終老固在東方矣。

子夏傳經

皮錫瑞《經學歷史》云：「經名昉自孔子，經學傳於孔門。《韓非子・顯學》篇云：孔子之後，儒分為八：有子張氏、子思氏、顏氏、孟氏、漆雕氏、仲良氏、公孫氏、樂正氏之儒。陶潛聖賢群輔錄云：顏氏傳詩，為諷諫之儒；孟氏傳書，為疏通致遠之儒；漆雕氏傳禮，為恭儉莊敬之儒；仲良氏傳樂，為移風易俗之儒；樂正氏傳春秋，為屬辭比事之儒；公孫氏傳易，為潔靜精微之儒。諸儒學皆不傳，無從考其家法，可考者惟卜氏子夏。洪邁《容齋隨筆》云：孔子弟子，惟子夏於諸經獨有書。雖傳記雜言，未可盡信，然要與他人不同矣。於禮、則有儀禮喪服一篇；馬融、王肅諸儒多為之訓說。於春秋、所云不能贊一辭，蓋亦嘗從事於斯矣。公羊高實受之於子夏；穀梁赤者，風俗通亦云子夏門人。於論語、則鄭康成以為仲弓子夏等所撰定也。後漢徐防上疏曰：詩書禮樂，定自孔子，發明章句，始於子夏，斯其證云。」

錢穆《諸子繫年》謂：「漢儒傳經之說，有可信，有不可信。《史記・儒林列傳》記漢儒傳經，言詩、於魯則申培公，於齊則轅固生，於燕則韓大傳。言尚書、自濟南伏生。言禮、自高堂生。言易、自菑川田生。言春秋、於齊自胡母生，於趙自董仲舒。此則可信者也。蓋自秦人焚書，又經陳、項之亂，書籍散亡，學者亦稀。漢興，乃有一二大師，出為教授，始有傳統可言。史公本所見聞，記其源流，自可信據。至推而上之，謂某經自孔子若干傳至某師云云者，大率妄造偽託，不可信也。」

按漢儒傳經，多推本子夏，要非無故。孔門後學，實有傳道之儒與傳經之儒兩大系。大體言之，自曾子、子思、孟子以及中庸易傳一系為傳道之儒，自子夏至荀子下及於漢初經師，則傳經之儒也。惟先秦儒家之傳承，既不必如兩漢經生之嚴守家法，而又書籍有缺，考索為難，故其傳承之跡無法亦不必言之太確鑿。〔註〕即如傳道傳經之說，亦就其精神氣脈與宗趣學風而言之，非謂曾子孟子一系必不傳經，而子夏荀子一系無預於道也。

子夏氏之儒

子夏居西河教授，其門下甚盛，可想而知。《論語》載：

子游曰：「子夏之門人小子，當洒掃應對進退，則可矣！抑末也，本之則無，如之何？」子夏聞之曰：「噫！言游過矣！君子之道，孰先傳焉？孰後倦焉？譬諸草木，區以別矣！君子之道，焉可誣也？有始有卒者，其惟聖人乎！」（〈子張〉）

子游之意，蓋以君子務本，學道者不可泥於器藝，捨本以逐末；子夏之意，則以為事有本末先後，教人不可不循序漸進，並非先傳以近者小者，而不教以遠者大者也。大體子游高明而子夏篤實，其大端固可相通，而教法畢竟有異。後世以傳經之功歸子夏，而《禮運・大同》之篇或謂原於子游之緒言，則兩人學脈，亦由此可見其有別矣。子夏雖有君子不為小道之言，然在孔門諸賢中，其氣象規模，終較局謹狹隘，故孔子特告之曰：

「女為君子儒，無為小人儒。」（〈雍也〉）

女同汝。此言君子小人，當從君子大受、識大，小人小受、識小之義；不宜從德與位言。日人竹添氏《會箋》云：「語儒術，則躬道德而擯紛華；語儒行，則規遠大而薄曲謹；語儒效，則煥經緯之章，而成參兩之能（參兩、謂參天地）若是者皆君子也。緣飾采章者，儒而偽；墨守訓詁者，儒而迂；狃近而忘遠，執小而妨大軼，儒而陋，總之皆小人也。」按、君子儒自是大儒、通儒。凡有性情，有識度，有行道之志，有文化理想，能先天下之憂而憂，後天下之樂而樂者，是即所謂君子儒也。至於小人儒則大體不出二義：一則溺情典籍，而心忘世道；二則專務章句，而忽於義理。子夏於四科列在文學，其學謹篤有餘而恢弘不足，所以孔子特警而進之。大體孔子之前，儒或設教於鄉里，或亦以相禮為業，於政教世道，少有擔當之情，只是小人儒耳。儒至孔子而始新、而始大，自孔門而下，儒者之精神面目已迥異於昔，此即孔子教化作育之功也。

子夏設教西河，其從學之徒，已不可確考。然如段干木、李克輩，皆進退有以自見。段干木守道不仕；李克相魏，作盡地力之教，著《法經》、網經，開戰國法家之先河。據此而觀，則子夏氏之儒風，亦非盡屬拘拘自守者矣。

註：如子夏傳詩系統，即有二說：一說「子夏授高行子，高行子授薛倉子，薛倉子授帛妙子，帛妙子授河間大毛公，大毛公以授小毛公，小毛公為河間獻王博士。」（陸德明《經典釋文敘錄》引徐整說）一說「孔子刪詩授卜商，商為之序以授曾申，申授魏人李克，克授魯人孟仲子，仲子授根牟子，根牟子授趙人荀卿，荀卿授魯國毛亨，毛亨作訓詁傳，以授趙國毛萇。」（陸璣《毛詩草木鳥獸蟲魚疏》二說人名年代絕不相同，將以何者為信？且前說之薛倉子帛妙子等，其人在若有若無之間；後說之曾申乃曾子之次子，其輩行不先於李克，則曾申傳李克，不可信矣。至孟仲子乃孟子從昆弟，孟子不及師子思，而子思李克同時，則孟仲子安得師李克乎？故曰、先秦儒傳經之說，無法亦不必言之太確鑿也。

一二、志高意廣的子張

子張的大度

子張，姓顓孫、名師，子張是他的字。少孔子四十八歲。《史記》說子張是陳人。但《呂氏春秋．尊賢篇》則說：「子張、魯之鄙家也。」按、《左傳．莊公二十二年》載，陳殺其太子御寇，陳公子完與大夫顓孫（顓音專）出奔於齊，顓孫復自齊奔魯。崔述謂：「子張乃顓孫之後，自莊公至哀公凡十世，則子張之非陳人明矣。蓋因其先世出自陳，而傳之者遂以為陳人耳。」大概自顓孫奔魯，家世漸衰，至子張父祖輩，業已成為寒微之族，所以呂氏說他是「魯之鄙家。」（鄙、小也。）子張之子申詳，亦仍居魯，為魯繆公臣。

子張志高意廣，在孔門中，氣象獨稱闊大，度量特顯寬弘。《論語》：

「師也辟。」（〈先進〉）

辟通闊，乃張大之義，謂其務開廣而少翕聚也。朱注解辟為便辟，義欠妥切，茲不從。子張與子夏皆孔門後起之秀，子貢嘗問：

「師與商也孰賢？」子曰：「師也過，商也不及。」（〈先進〉）

過、謂過中，子張才高而好苟難，故常過失中。《論語》載其問達（〈顏淵〉），問行（〈衛靈公〉），學干祿（〈為政〉），皆見其「過」之意。子張之過，實由氣象恢擴、開廣務遠而來；與子夏之不及，由於氣象拘謹者，正相對照。《論語．子張》篇載：

子夏之門人問交於子張，子張曰：「子夏云何？」對曰：「子夏曰：可者與之，其不可者拒之。」子張曰：「異乎吾所聞！君子尊賢而容眾，嘉善而矜不能。我之大賢與（同歟），於人何所不容？我之不賢與，人將拒我，如之何其拒人也？」

按子夏守孔子「毋友不如己者」之訓，故曰可者與之，其不可者拒之。（朱子補注：疏之可也，拒之則已甚。）子張守「汎愛眾，而親仁」之訓，故曰尊賢而容眾，嘉善而矜不能。而「何所不容」一句，最見子張器量之弘偉。較之子夏與其可、拒不可的話，實相逕庭。《韓詩外傳》有一段話，亦顯出二人資性之不同：

孔子過康子，子張子夏從孔子入座；二子相與論，經日不決。子夏辭氣甚隘，顏色甚變。子張曰：「子亦聞君子之議論耶？徐言誾誾（和悅而諍），威儀翼翼（恭敬貌）；後言先默，得之推讓。巍巍乎！蕩蕩乎！道有歸矣。小人之議論，專意自是，瞋目搤（通扼）腕，疾言噴噴（疾言貌），口沸目赤（沸音佛，戾也，謂拂逆不相合也）。一幸得勝，疾笑嗌嗌（音益，笑聲）。威儀固陋，辭氣鄙俗，是以君子賤之也。」

子張言大氣盛，對同門亦不少假以辭色。大概堂堂乎的子張，很不喜歡狷介褊隘的性格。所以當他論人之時，亦逕直的說：

「執德不弘，信道不篤，焉能為有，焉能為無？」（〈子張〉）

執、猶守也。弘，養而大之、修而崇之之謂。一個人執德不弘，則他所執之德，必然偏小而不中大用。篤、厚也，固也。有所聞而信之不篤，則其志必不堅固。「焉能為有，焉能為無」，是說執德不弘信道不篤的人，以言為學，則不足成聖賢君子之材；以言用世，則不足勝天下國家之重。亦即朱注所謂「不足為輕重」，一切皆將說不上也。

子張的志概

子張巍巍堂堂，志概高遠，《論語》記述他所問所言，義皆遠大。〈顏淵〉篇載：

子張問：「士何如斯可謂之達矣？」子曰：「何哉？爾所謂達者？」子張對曰：「在邦必聞，在家必聞。」子曰：「是聞也，非達也。夫達也者，質直而好義，察言而觀色，慮以下人。在邦必達，在家必達。夫聞也者，色取仁而行違，居之不疑，在邦必聞，在家必聞。」

孔門問士，大體都說「何如斯可謂之士矣？」（如子路、子貢之所問。）而子張一開口便問：士何如斯可謂之「達」矣？這便是他之所以為「辟」，所以為「過」。他要「在邦必聞，在家必聞」，他生命中實有著一種向外伸展的要求；所以不僅「問政」，而且逕直地「學干祿」，「問入官」（《家語》）。在子張，似乎認為只要有了政治地位的憑藉，便可以推行大道。所以他又問「行」（《論語》僅有的一問）：

子張問行，子曰：「言忠信，行篤敬，雖蠻貊之邦行矣。言不忠信，行不篤敬，雖州里行乎哉？立、則見其參於前也；在輿、則見其倚於衡也。夫然後行。」子張書諸

紳。（〈衛靈公〉）

行者、行於外而通達無礙之謂。故朱注以為「問行、猶問達之意也」。子張之問學，如依莊子「內聖外王」之分，則大體是偏於外王。然內聖為外王之本，外王以內聖為基。故凡子張有問，孔子之答，總是反於身而言之；如此章問行，孔子即教以「言忠信，行篤敬」是也。口如其心為忠，行如其言為信；篤者、厚實不刻薄，敬者、敬謹不放肆。言忠信，行篤敬，亦即所謂「立誠」也，至誠則感人，故可行於蠻貊之邦。唯立誠必須念念不忘，不可須臾離。所以說「立、則見其參於前也；在輿、則見其倚於衡也，夫然後行。」參、或解為相參，或解為相直、相當，或又解為積累，總是在於我之前也。衡、車前橫木。見其參前、倚衡，是說時時處處，不忘此誠，則有以形諸心目之間，以見忠信篤敬之無所不在。說「立」說「在輿」，是通行止動靜而言。總要念茲在茲，無或間斷，以使一言一行，自然不離此忠信篤敬，然後乃真能無所往而不可行。總之，誠於中而形於外，能感動得人，則雖風教不同的蠻夷之邦，亦可行之通達而無滯礙也。子張既聞教言，乃立即書之於紳（大帶），其敬謹奉行、不敢失墜之意，何等懇篤而真切！

子張確有大志於天下。他不但學干祿、問政、問達、問行，而且還問十世之禮。《論語》載：

> 子張問：「十世可知也？」子曰：「殷因於夏禮，所損益可知也。周因於殷禮，所損益可知也。其或繼周者，雖百世可知也。」（〈為政〉）

因、因襲也。損、減也。益、增也。禮有常經，亦有權宜變革。《樂記》云：「禮也者，理之不可易者也。」又云：「禮、時為大。」理之不可變易者，是禮之經；可因時而措其宜者，是禮之權。《禮記．大傳》篇所謂「親親，尊尊，長長，男女有別」；此乃人倫常道，是不可得而與民變革的。所謂「立權度量，考文章，改正朔，易服色，殊徽號，異器械，別衣服」；此乃典章政制，禮俗節文，是可得而與民變革的。殷之於夏，周之於殷，三代相承，皆有其常、變、去、取之迹。而察往可以知來，或有繼周為王者，亦無非太過則損之，不足則益之，而其不可易者，因之而已。所以不僅可以知十世，即百世之遠，亦可推求而知也。

然則，子張何以欲知十世？日人息軒氏曰：

> 「春秋之末，天下大亂，子張才大，有意於制作一代之禮法。謂制禮法以維持後世者，非預知十世之後不能，故欲知其所宜沿革。而周室猶存，難於發言，故問十世可知也？孔子知其意，故以殷周所損益答之。凡孔門諸子，無不切之問，其或有之，孔子不為置對。故子路問事鬼神，得未能事人之詰；樊遲請學稼，遇我不如老農之譏。

若子張徒欲知十代後之情狀，其為不切之問大矣，宜在所不答；而孔子告之，詳悉無遺。且繼周者一代而已矣，而承之云雖百世可知也。故知其為制作發也。」（竹添氏《論語會箋》引）

息軒這段話，可謂探得子張之情矣。顏子嘗問為邦，孔子以其有王佐之才，故損益四代之禮樂（所謂行夏之時，乘殷之輅，服周之冕，樂則韶舞），示之以治天下之道。子張才高志遠，有意制作，故孔子亦以禮之因革損益，殷切垂示。孔門師弟，志在以道易天下。子張決非泛泛問，孔子尤非泛泛答也。

子張的行贊

子張在孔門後期弟子中，志量最弘大，而才亦最高。在同門中，子游、曾子以及先達子貢都對他有過品評。《論語》載：

子游曰：「吾友張也，為難能也；然而未仁。」（〈子張〉）

宋仁、猶言未至於仁。孔門諸賢，顏子三月不違仁，其餘則日月至焉而已，而子游獨以仁期諸子張者，蓋愛重其才，而責望特切耳。

曾子曰：「堂堂乎張也，難與並為仁矣。」（〈子張〉）

堂堂、器宇高顯之貌。堂堂乎張，即船山所謂「卓立乎眾人之上，而見其風儀；自標一廣大之規，而成其志行」是也。舊注以容儀、容貌說堂堂，義嫌偏狹。平常雖亦說相貌堂堂，一表人才，然子張之堂堂不止乎是也。難與並為仁，朱注云：「言其務外自高，不可輔而為仁，亦不能有以輔人之仁也。」意思是說，人不能輔成子張為仁，子張亦不能輔成他人為仁。然人不輔我，我不輔人，並不妨害我自己之獨造力踐以至於仁。故依此解，子張之仁與不仁，猶然不能定也。竊以為謂子張尚未至於仁，可；謂其不仁（後儒間有此言），則不可。謂其不能與人並為仁，可；謂其不能深造獨詣以進於仁，則不可也。惟「仁以感通為性，以潤物為用」（牟宗三先生語），人能成己而不能成物，則亦未為仁耳。然《大戴禮記・衛將軍文子》篇載子貢贊其行曰：

業功不伐，貴位不善，不侮可侮，不佚可佚，不敖無告，是顓孫師之行也。孔子言之曰：其不伐，則猶可能也；其不弊百姓，則仁也。《詩》云：愷悌君子，民之父母。夫子以其仁為大也。

據此，子張之仁，孔子且以相許矣。然則，曾子所說應非貶語。並為仁，即所謂「輔仁」也。曾子既主「以友輔仁」，今見子張堂堂，為難能而自高，乃特歎其無與於「輔仁」之事耳。

《孟子．公孫丑上》有云：「子夏、子游、子張，皆有聖人之一體。」一體、猶言一肢，謂三子各盡其高明、沉潛，而亦具有聖人一面之德能也。〈檀弓〉記載：子張病危，名其子申詳而語之曰：「君子曰終，小人曰死，吾今日其庶幾乎！」曰終曰死，與子貢所謂「君子息焉，小人休焉」，同樣是正視人生艱苦的警策語。而「吾今日其庶幾乎」，則猶曾子「如今而後，吾知免夫」的臨終之感歎。孔門諸賢，皆有強烈的道德意識，皆能正視道德實踐。臨終垂戒，只是表示一生之不苟，表示經過一嚴肅而艱苦的道德奮鬥之後，鬆口氣而撒手歸去之慨歎。子張表表偉偉，克全終始，此所以為大賢也。

子張氏之儒

《史記．儒林傳》云：「孔子卒後，七十子之徒，散遊諸侯，大者為師儒卿相，小者友教士大夫，或隱而不見，故子路居衛（按已先孔子卒），子張居陳，澹臺滅明居楚，子夏居西河，子貢終於齊。」（《漢書．儒林傳》略同）按、太史公以子張為陳人，已不可信（說見前），則子張是否居陳，亦不能無疑矣。據〈檀弓〉：「子張死，曾子有母之喪，齊衰

（音咨催）而往哭之」。似子張卒於魯也。且陳於孔子卒之次年即為楚所滅，則子張居陳，殆不足信。

《韓非子・顯學》篇嘗謂：孔子死後，儒家分為子張、子思、顏氏、孟氏、漆雕氏、仲良氏、孫氏、樂正氏等八大宗派。此八儒中，唯顏子為孔門前輩弟子。然顏子早卒，故所謂顏氏之儒，大抵為後儒所推託。而子張則後孔子三十二年卒（《掘坊志》：子張卒年五十七，時為魯悼公二十一年），而又氣象闊大，志行高邁，故為自闢蹊徑，別開宗派。至戰國末年，荀子猶稱子張氏、子夏氏、子游氏之賤儒，（見〈非十二子〉篇。梁任公曰：荀子所斥，殆指戰國末年，依附三家門牆之俗儒，非誣詆三賢也。）則子張之門人甚盛可知。可惜史籍有闕，子張氏之儒的學說宗趣，已經無可詳考了。

子張之子申詳（孟子趙注補述云：子張姓顓孫，合言之為「申」也。）為魯繆公賢臣。《說苑・修文》篇載「公孟子高見顓孫子莫，曰：敢問君子之禮何如？」云云。近人羅根澤以為顓孫子莫即《孟子・盡心上》「子莫執中」之子莫。錢穆氏又以公孟子高即公明高。趙歧孟子注：「子莫，魯之賢人也」。又曰：「公明高、曾子弟子」。子莫之輩行，蓋在曾子與公明高之間；核其年世，疑即子張之子申詳其人也。莫者、疑辭，詳者、審察之辭；名詳而字子莫，正符古人名與字相反為調之例。（見《先秦諸子繫年・子莫考》）假若子莫果然即是子張之子申詳，則「執中」之義，亦該是子張氏之儒講學論道的一大宗旨了。

※　※　※

（附按）《左傳・昭公二十年》載：琴張聞宗魯死，將往弔，孔子不許。《孟子・盡心下》：「如琴張、曾皙、牧皮者，孔子之所謂皇矣。」漢儒賈逵、鄭眾以琴張為子張，趙岐孟子注並謂「子張善鼓琴，號曰琴張。」按魯昭公二十年，孔子年方三十，後十八年子張始生，安得有引宗魯之事？琴張年輩蓋在子路曾皙之間，《左傳》杜預注與《孔子家語》謂琴張即琴牢，或較近是。請參閱本書二十六琴牢一節。

一三、言似聖人的有子

有子忠勇愛國

有子，姓有名若，字子有，魯人。《史記．弟子列傳》謂少孔子十三歲，《正義》引《家語》謂少三十三歲，而論語邢疏引《史記》作少四十三歲。崔述《洙泗考信錄》云：「吳之伐魯也，微虎欲宵攻王舍，有若踊於幕庭，當是少壯時事；而列傳謂其少孔子十三歲，則當時已五十有四，力已衰矣。又不應孔子在時，無所表見，至孔子沒後，而與群弟子問答甚多也。」錢穆《諸子繫年》謂：從《家語》少孔子三十三歲為當，微虎事在哀公八年，有子蓋年二十四也。按：從〈列傳〉，則哀公八年，有子五十二歲；從《家語》，則三十二。崔氏謂「五十四」。錢氏謂「二十四」，並推算有誤。崔氏謂「孔子在時，有子無所表見，至孔子卒後，而與群弟子問答甚多。」今據《禮記》，有子所與問答者，大抵子游曾子之徒，其年輩想亦與二人為近。又孟子謂「宰我子貢有若、智足以知聖人」，有若排名在後，似亦其年輩晚於宰我子貢之證。邢疏引《史記》作少孔子四十三歲，或竟較近事實，亦未可知。果爾，則哀公八年，有子年二十二耳。

當魯哀公之世，吳國勢力張大，夫差敗越之後，積極北上爭霸，常凌魯齊。黃池之會前五年，吳師伐魯，《左傳》記其事云：

吳師克東陽而進……遂次於泗上，微虎（魯大夫）欲宵攻（吳）王舍，私屬徒七百人，三踊於幕庭（踊、跳躍也。於幕帳之前設格架，令士跳躍之以甄選勇士），卒三百人，有若與焉（卒、終也。終得勇士三百，而有若在其中）。及稷門之內，或謂季孫曰：「不足以害吳，而多殺國士，不如已也。」（謂以三百人之力，不足敗吳師，反將犧牲魯之勇士，不如終止。）乃止之。吳子（夫差）聞之，一夕三遷焉。吳人行成。（〈哀公八年〉）

有若等以國士之身，忠勇奮發，組成敢死隊，雖然半途被阻，但赤膽忠心，氣壯山河。不但逼得吳王一夕之間三遷居處，而且吳國竟以得勝之師，與魯行成（言和）。這正應了吳國出師之前，公山不狃（魯人，據費邑叛，出奔齊，後奔吳）阻吳伐魯的話：「魯雖無與立，必有與斃（謂魯國在平時好像無能以自立，但危急時，則人人知懼，必將出力死戰。）……未可以得志焉。」由此，可見勇士之氣，可懾強敵，而愛國之心，乃能保國。孔門多言勇，《中庸》亦以勇與智、仁合稱「三達德」。惜乎後世文武殊途，士氣日衰；於是逞私智、泯仁心、而亡大勇。國之不競，豈無故哉！

有子的學識

有子為學，首重務本。《論語・學而》篇載：

有子曰：「其為人也孝弟，而好犯上者，鮮矣；不好犯上而好作亂者，未之有也。君子務本，本立而道生；孝弟也者，其為仁之本與！」（與同歟）

朱注云：「根本既立，則其道自生，孝弟乃是為仁之本，學者務此，則仁道自此而生也。」按孝弟是仁之發用流行，程子所謂「仁之一事」是也。惟行仁必自孝弟始，孝弟行於家，而後仁愛及於物，所以說「親親而仁民，仁民而愛物」。有子一言抉出「孝弟」二字以為行仁之本，使學者得一篤實踐仁之方，可謂深得孔子之意。後來孟子說：「堯舜之道，孝弟而已矣。」這就更進一步地指出，仁政王道亦必須以孝弟為基始了。

有子對於禮，亦有他的根本之見。他說：

「禮之用，和為貴；先王之道，斯為美。小大由之，有所不行；知和而和，不以禮節

之，亦不可行也。」（〈學而〉）

按《易‧繫下》云：「履（禮）以和行」。為禮不和，則不能通人情，安人心，此所謂「禮勝則離」。但和而失禮之節（斯為不敬），則任情流蕩，分際將泯，此所謂「樂勝則流」。朱注引范氏曰：「凡禮之體在敬，而其用則以和為貴。敬者，禮之所以立也；和者，樂之所以生也。若有子，可謂達禮樂之本矣。」有子的話雖是論禮，好像沒有關涉到樂，但禮樂本相通，所以，范氏這幾句話，還是說得很肯當的。

此外，如「信近（合）於義，言可復（踐行）也；恭近於禮，遠恥辱也；因（依）不失其親，亦可宗（主）也。（〈學而〉）這是有關待人處世非常懇切周至的話。而「百姓足，君孰與不足；百姓不足，君孰與足。」（〈顏淵〉）則更是了徹「民為邦本，本固邦寧」之理，而說出的很有深遠之識度的論政之言。《家語》稱有子「為人強識」。然觀乎《論語》所記有子的話，都能建本達用，深得立言之體要。可知有子之學，又不僅是「強識」而已。

孟子曰：「宰我，子貢，有若，智足以知聖人……有若曰：豈惟民哉！麒麟之於走獸，鳳凰之於飛鳥，泰山之於丘垤，河海之於行潦，類也。聖人之於民，亦類也。出乎其類，拔乎其萃，自生民以來，未有盛於孔子也。」（〈公孫丑上〉）論贊聖人，措辭為難，而有子這幾句話，卻能善於形容。即此亦可看出他是很有知人的達識的。

有子的地位

關於有子在孔門的地位，顧炎武的《日知錄》有很簡要的論述：

> 孟子言：他日，子夏、子張、子游以有若似聖人，欲以所事孔子事之，彊曾子，曾子不可。慈谿黃氏曰：「有若雖不足以比孔子，而孔門之所推尚，一時無及有若可知。」愚按《論語》首篇，即錄有子言者三，而與曾子並稱曰子，門人實欲以二子接孔子之傳者。傳記言，孔子之卒，哀公誄之；有若之喪，悼公弔焉。其為魯人所重，又可知矣。又曰：「孟子不曰有若似孔子，而曰有若似聖人；《史記》乃云有若狀似孔子，謬甚。」

按顧氏所說甚是。〈檀弓〉載子游曰：「甚矣，有子之言似夫子也」。可知子夏子張子游以有若似聖人，當是指有若的言行氣象似聖人。但聖人（夫子）自是聖人（夫子），似聖人、似夫子，卻終只是「似」而已，並不能即是聖人，即是夫子也。曾子反對「以所事孔子事有若。」亦並不表示不敬重有若，只是他認為「江漢以濯之，秋陽以暴之，皜皜乎不可尚已」的孔子，不能以他人擬而代之而已。師事有若的事，大概因曾子不可，而不了了之（這對有子，自然無所加損）。而《史記．弟子列傳》卻說：有若「狀」似孔子，弟子相與立有若為師；後來又因有若不能回答弟子兩個近乎星曆卜祝的問題，（1.夫子何以能預知天將雨？2.夫子何以知商瞿年四十後當生五男？）弟子乃起曰：「有子避之，此非子之座也」！照《史記》這般記載，孔門弟子竟像是村童質問私塾先生般的胡鬧了。歷史上任何一位師儒門下，都不會發生這類事情，何況孔門！所以，要說太史公這段文字不是失檢之筆，不可得也。

有子卒於魯悼公之世，《禮記．檀弓》載：「有若之喪，悼公弔焉。」考之古籍，有子未嘗出仕為政，他很可能是終身為士的。而國君親臨弔士之喪，自然是一種榮寵。有子的賢德與魯人對他的仰敬，亦由此可見。歷來孔廟祀典，十哲配享大成殿。清初，有子繼子張升祀十哲之位，這亦可以看出後儒對有子的尊崇歷久不衰了。

一四、志通好禮的公西華

公西華的才能

公西華，姓公西，名赤，字子華。魯人，據《論語》有關的記載，他該是孔門前期弟子。而《史記・弟子列傳》與《孔子家語》皆謂少孔子四十二歲，金鶚《求古錄禮說》謂：子華使於齊，其事當在孔子為魯司寇時，子華若少孔子四十二歲，則其時方十二三歲，安能出使於齊？四字或為三字之譌。並云：子路、曾晳、冉有、公西華侍坐，以齒為序；冉有少二十九，子華少三十二，亦自合也。錢穆《諸子繫年》從金氏之說，謂侍坐言志，當在子路為季氏宰之先姑以墮三都前一年——魯定公十一年計，則子華年二十一也。

《論語》載公西華言志曰：

「非曰能之，願學焉。宗廟之事，如會同，端章甫，願為小相焉。」（〈先進〉）

宗廟之事，指祭祀。如、或也，與也。會同、諸侯相會見也；兩君相見曰會，眾君相會曰同。或曰：大夫士助祭，無用端服者，故宗廟之事亦指諸侯朝聘而言。端、玄端，衣名；章甫，冠名。諸侯相見，贊禮者曰相。孔子嘗謂：「赤也，束帶立於朝，可使與賓客言也。」（〈公治長〉）賓者大客，猶今言國賓；客者小賓，謂各國使節。「立於朝」與賓客言，乃大相之事，公西華說「願為小相」，乃是他的謙辭。侍坐章之末載孔子之言曰：「宗廟會同，非諸侯之事而何？赤也為之小，孰能為之大」？可知公西華輔相諸侯朝聘會同的才能，在他弱冠之年，便已獲得孔子的肯許了。

《左傳》嘗載孟僖子從昭公如楚，不能相禮，終身恥之。及其將死，乃囑二子學禮於孔子。魯國是禮義之邦，而孟僖子又是魯之三卿，尚且不能勝任相禮之事，朝聘禮儀之繁難，由此可見。孔子年三十四，便以知禮而名動公卿；公西華以翩翩佳少年，而亦詳熟賓客之禮，能行三千之威儀。就此而言，亦可謂能繼踵聖武了。

公西華之知禮

關於公西華之知禮，《家語．弟子行》有這樣的記載：

齊（同齋）莊而能肅，志通而好禮，擯相兩君之事，篤雅有節，是公西赤之行也。子曰：「禮經三百，可勉能也；威儀三千，則難也。」公西華問曰：「何謂也？」子曰：「貌以擯禮，禮以擯辭，是謂難焉。」〔按諸侯相見，贊禮者曰相；在主國曰擯，賓國曰介，擯、介，皆相也。王肅注云：言所以為者，當觀容貌，而擯相其禮（擯、名詞；相、動詞）；度其禮，而擯相其辭。度事制儀，故難也。〕從人聞之，以為成也。（王肅注：公西赤能行三千威儀，故眾人以為成也。）孔子語人曰：「當賓客之事，則達矣。」謂門人曰：「二三子之欲學賓客之禮者，其於赤也。」

公西華在孔門既以知禮見長，所以當孔子之喪，他便擔任了「為志」的職事。《禮記》載：

> 孔子之喪，公西赤為志焉：飾棺牆，置翣，設披，周也；設崇，殷也；綢練設旐，夏也。（〈檀弓上〉）

鄭玄注：「志、章識也。」孔穎達疏：「孔子之喪，公西赤以飾棺榮夫子，故為盛禮；備三王之制，以章明志識焉。於是以素為褚，褚外加牆，車邊並置翣（音霎）；恐柩車傾虧，而以繩左右維持之，此皆「周之制」也。其送葬乘車所用旌旗，刻繪為崇牙之飾，此則「殷制」。又綢（音叨）盛旌旗之竿，以素錦於杠首設長尋（八尺）之旐（音兆），此則「夏禮」也。既尊崇夫子，故用三代之飾也。」——上所引述，自是屬於喪禮，但何以要「備三王之制」，「用三代之飾」，這就關乎「禮意」了。《中庸》說：「仲尼祖述堯舜，憲章文武」。〈禮運〉亦記載孔子的話說：「大道之行也，與三代之英，丘未之逮也，而有志焉。」孔子既沒，公西華「備三王之制，用三代之飾」以尊榮夫子，想來亦是取意於此。《家語》稱公西華「志通而好禮」。唯其志通，故能好禮；唯其好禮，故能得禮之意耳。

公西華之養親

孔門多貧士：顏子住陋巷，一簞食，一瓢飲；閔子寒冬著蘆衣，御車失轡；曾子下田耘瓜；原憲貧困終身；子路有「傷哉貧也，生無以為養，死無以為葬」的感歎。而公西華的家境，則頗為富有。《論語》記他為孔子出使於齊，「乘肥馬，衣輕裘」。（〈雍也〉）這種景象在《論語》中是僅見的。每讀此句，心中總浮現一位風度翩翩的青年使者；他聰明秀發，溫雅知禮，這樣的佳子弟，自然會有一個和樂幸福的家庭的。《淮南子》說：

> 「公西華之養親也，若與朋友處；曾子之養親也，若事嚴主烈君：其養一也。」

二人之孝養，一也；而所以養則不同。這固然是他們資性有別，實在亦與父母的性情有關。曾子耘瓜誤斷其根，而曾點竟怒而大杖之，則曾子之養親也，安得不「若事嚴主烈君」？子華的母親（《論語》載子華使於齊，冉有為其母請粟，則子華之父或早卒），如果不是一位藹然慈祥可敬可愛的婦人，子華又豈能「養親若與朋友處」？古籍上雖無片紙隻字稱道子華之母，但我卻常想像慈暉，心儀神馳。

公西華養親的態度，在古今孝子之中，是較為特殊的例子。《禮記・祭義》篇有云：「孝子之有深愛者，必有和氣；有和氣者，必有愉色；有愉色者，必有婉容。」惟事親之際，容色為難，（子夏問孝，子曰：「色難」）而照公西華養親的態度看，則其容之婉，色之愉，氣之和，卻是可以想見的了。

一五、清操自守的原憲

原憲為宰

原憲，字子思，魯人，或曰宋人（《家語》）。少孔子三十六歲。包咸注《論語》，謂「孔子為魯司寇，以原憲為家邑宰」。崔述《洙泗考信錄》、狄子奇《孔子編年》皆從之，其說蓋可信。考孔子為司寇在魯定公九年，時孔子五十一歲；如原憲少孔子三十六歲，則是十五歲便為宰矣。金鶚《求古錄禮說》嘗辨其事，以為其年不合。錢穆《諸子繫年》謂三十六或當作二十六。《論語》載：

「原思為之宰，與之粟九百，辭。子曰：毋！以與爾鄰里鄉黨乎？」（〈雍也〉）

粟，是宰的俸錄。凡受官沒有不受祿的。原憲之辭，是辭粟之多，並不是不受祿。孔子為司寇，初有家臣；家宰之祿既無舊制可循，故「量入以為出」，根據自己祿邑之厚薄，以定家臣班祿之數，而與原憲俸粟九百。原憲辭九百，則是「量出以為入」，依自己生活日用之奢儉，以為受祿之數，而覺得無需九百之多。於此，亦可以看出原憲秉性之狷介與廉潔。但狷者易退而難進。原憲辭祿之多，可謂清矣，可謂不欲矣，然尚不足以言盡義也。孔子禁止原憲辭多祿，並指點他可用餘粟周濟鄰里鄉黨，便是開示盡義之道，而勉勵他進取。

《論語》又載原憲問：「克、伐、怨、欲，不行焉，可以為仁矣？」子曰：「可以為難矣，仁則吾不知也。」（〈憲問〉）一個人能做到不好勝、不矜誇、不忿恨、不貪私，則其克己工夫亦庶乎可矣。但這仍然是狷介之退，是消極面的工夫。所以孔子只說此甚難能可貴，然不得便謂之「仁」也。勉之至於仁，與教以盡義之道，同樣都是孔子對原憲德性的裁成。

原憲之貧

原憲雖一度為孔子之宰，但他卻是以終身窮居不仕而見稱於世的。他的貧窮，《莊子》、《韓詩外傳》、《史記》諸書，都曾特別提到。《莊子．雜篇》載：

「原憲居魯，環堵之室，茨以生草；蓬戶不完，桑以為樞而甕牖；二室，褐以為塞；上漏下濕，匡坐而弦。」（〈讓王〉）

我們試看：原憲家徒四壁，以草蓋屋；織蓬草之莖以為扉，屈桑樹之枝條做戶樞，牆上安上一個破甕便算是窗戶；夫妻二人各居一室，用褐衣蔽塞窗牖；一遇天雨，整個屋子上漏下濕，而他照樣正襟危坐，弦歌自娛。這樣的貧苦，而又這樣的怡然自得。偶而如此，人猶以為難，何況終身守之！人人都會說「安貧樂道」這句話，但是貧而真能安，道而真知樂，千古之下，有幾人真能有此自信，有此自肯！王勃〈滕王閣序〉云：「天高地迥，覺宇宙之無窮；興盡悲來，識盈虛之有數。」往常讀此二句總是擊節歎賞，如今看「興盡悲來」之言，卻覺其心猶未平靜。因而想到安貧之「安」與樂道之「樂」，聖賢以下，固未易幾及；而向來卻將此二字輕輕看過了。《家語》說原憲「清靜守節，貧而樂道」。茲請進而略述他的操行。

原憲的節操

《史記・仲尼弟子列傳》云：

孔子卒，原憲亡在草澤中（《家語》云，隱居於衛）。子貢相衛，而結駟連騎，排藜藿，入窮閻，過謝原憲。憲攝敝衣冠見子貢，子貢恥之，曰：「夫子豈病乎？」原憲曰：「吾聞之：無財者謂之貧，學道而不能行者謂之病。若憲，貧也，非病也。」子

貢慚，不懌而去，終身恥其言之過也。（《莊子》與《韓詩外傳》所載略同）

同門過訪，原屬常事；兩人貧富懸殊，亦是實情。子貢見原憲貧苦之形而誤以為病，這種錯覺或亦不免；但說子貢竟以原憲之貧為恥，則是太史公不修之辭。《論語．學而》篇載子貢問：「貧而無諂，富而無驕，何如？」子曰：「可也，未若貧而樂，富而好禮者也。」子貢在自己富貴顯達之後，還念念不忘於一位隱居窮巷的同門，我們縱然不能因此就說他「富而好禮」，但以子貢之賢，又何至以老友之貧為恥？原憲固然不以貧而累心，不因窮而喪志，然其君子固窮的節操，亦不必貶子貢而後始顯也。《史記》又說：

季次（即公皙哀，亦孔子弟子）原憲，閭巷人也。讀書，懷獨行君子之德，義不苟合當世，當世亦笑之。故季次原憲，終身空室蓬戶，褐衣疏食不厭，死而已。四百餘年，而弟子志之不倦。（〈游俠列傳〉）

根據《史記》的記述，後世的游俠，雖與季次原憲「不同日而論」（〈游俠列傳〉語），但二人的清操制行，即開啟了「不矜其能，羞伐其德」的節俠義風。我們雖無法考述季次原憲一流的傳承之跡，但照太史公「四百餘年，而弟子志之不倦」的話來看，則其風節餘緒，亦可謂綿衍流長了。

※ ※ ※

先秦古籍，頗有以原憲鮑焦並舉者。《韓詩外傳》說「鮑焦衣弊膚見，挈畚持蔬，遇子貢於道」。則鮑焦之年輩，蓋亦與原憲相先後。鮑焦立槁於洛水之上，亦是一個奇節獨行而義不苟合於世的人。《韓非子・八說》篇亦謂：「鮑焦、華角，天下之所賢也；鮑焦立枯，華角赴河」。另有申徒狄亦抱石投河。（見《韓詩外傳》）大抵春秋戰國之交，有此一流。原憲在孔子之世，狷介自守，而蘊蓄為廉潔之德；及孔子既卒，則危行厲節，而顯發為清操特立之行。雖資性使然，蓋亦時勢有以致之。

一六、愚而日明的子羔

柴也愚

子羔，姓高名柴，子羔是他的字，《左傳》或稱季羔，〈檀弓〉又作子皐，少孔子三十歲。《史記集解》引鄭玄之說，以為衛人。而《家語》則以為齊人，自來註家亦以子羔為齊大夫敬仲高傒之後。惟王應麟則說是衛人，而後居於魯。《論語・先進》篇云：「柴也愚。」《史記・弟子列傳》亦說「子羔身不盈五尺，受學於孔子，孔子以為愚。」愚，是智不英發之意。子羔的天資雖不甚高，但他是一個謹厚純篤的人。《家語》說他：

自見孔子，出入於戶，未嘗越禮；往來過之，足不履影，啟蟄不殺，方長不折；執親之喪，未嘗見齒，是高柴之行也。孔子曰：「柴於親喪，則難能也。啟蟄不殺，則順人道；方長不折，則恕仁也。成湯恭而以恕，是以日隮（聖德日升）。」（〈弟子

行〉）

人的影子照映地面，別人踐踏而過，本來無傷於人，而子羔不忍；蟄伏冬眠之蟲，到了春天，逐漸出土，這時人要殺害它，非常容易，而子羔不忍；花草樹木，方春發芽，人偶而採擷一片嫩葉，亦可能是盪漾在心中的一點春意，而子羔不忍。這「足不履影」「啟蟄不殺」「方長不折」，都是由於不忍；不忍便是人道，便是仁心。常人不慎於此，所以常常無意中殄滅了天良；卻反過來嘲笑像子羔這類養仁行恕的工夫，智愚之難言，於此可見。孔子說「柴也愚」，請容我下一轉語：「其愚不可及也」。

子羔的孝行

子羔之孝，孔子稱其「難能」（見上引《家語》），《禮記．檀弓》亦說：

「高子皋執親之喪也，泣血三年，未嘗見齒。」

鄭玄注：「泣血，言泣無聲如血出」。這個解釋是沒有道理的。泣無聲，是人人所能，而且不必待親之喪，這有甚麼可稱之處？《易》云：「泣血漣如」，血淚漣漣，那裡是「泣無聲如血出」？《韓非子》謂和氏抱璞而哭，三日三夜，淚盡而繼之以血，《說苑》亦說蔡威公閉門而哭，三日三夜，淚盡而繼之以血。古籍類此的記述，枚不勝舉，要之都是淚盡而以血繼之的意思。鄭玄蓋以三年泣血為太甚，所以作此遷就臆測之說，殊不知三年之中，常有泣血之時，便是泣血三年，不必三年中日日泣血也。因感於古人之苦心孤詣與特立獨行，常不為淺人所信，所以略述如上。再如「未嘗見齒」一句，王充亦表懷疑，說是「未嘗見齒，不言不笑也。不笑可也，安得不言？言安得不見齒？」（《論衡》）這更是無理之極。《論語．憲問》篇：「高宗諒陰，三年不言」。亦只是說殷高宗居於喪盧三年，未嘗言及政事，並不是三年不說一句話。禮有「笑不見齒」之教，可證見齒乃專就笑而言。子羔居喪三年，從無歡容，所以說「未嘗見齒」；這與「泣血三年」，同為孝思純篤哀痛之極的性行，亦同為人情之所難，所以傳記特加稱舉。又〈檀弓下〉載：

> 成人有其兄死而不為衰者（衰音崔，喪服之名），聞子皋將為成宰（成，孟孫氏之邑），遂為衰，邑人曰：「兄則死而子皋為之衰」。

可見子羔不但有孝行，而且他的孝行還能化及於民。

子羔的為政

《論語・先進》篇：「子路使子羔為費宰，子曰：賊夫人之子。」崔述謂此事當在墮三都時，季氏費邑之墮在定公十二年，時子路為季氏宰，所以可使子羔為費邑之宰。另據《論語》：「季氏使閔子為費宰，閔子騫曰：善為我辭焉，若有復我者，則吾必在汶上矣！」（〈雍也〉）大概因為閔子騫不願為費宰，所以子路荐舉子羔。但子羔此時方二十四歲，年事太輕，所以孔子說「賊夫人之子」。孔子不贊成子羔為費宰，和子產不贊成子皮使年輕的尹何為邑宰，是同一意思。子皮和子路都認為年輕人正可以借從政的機會學習歷練，而子產與孔子則認為為政治民，任重事繁，不能「以政學」而應「學而後從政」。否則，就像「未能操刀而使之割」，不但傷人，抑且傷己。

子羔為費邑宰的事，因為孔子反對，可能沒有就任；即就任想亦不甚久，因為次年（定公十三年）孔子便自魯適衛了。子羔後仕於衛，但何時仕衛，仕衛多久，則無法詳考。魯哀公十五年冬，衛國出亡在外的世子蒯聵，利用他姐姐伯姬（衛靈公之女，孔文子之妻，孔悝之母）的關係回國爭位，強迫孔悝（衛之執政）立盟誓支持他。衛君輒聽到他父親蒯聵已經回國，便出奔於魯。這時子羔仕於衛，而子路則為孔悝之邑宰，《左傳》載：

季子（子路）將入，遇子羔將出，曰：「門已閉矣」。季子曰：「吾姑至焉」。子羔曰：「弗及，不踐其難」。季子曰：「食焉，不避其難」。子羔遂出。……孔子聞衛亂，曰：「柴也其來，由也死矣。」（見〈哀公十五年〉傳）

子路以為食人（孔悝）之祿，便應死人之事。（其死難事，詳見子路一文）而子羔則認為衛君父子爭國，自己既不預聞衛國之大政，何必踐難？其實，二人的行為都是合義的。「義者，人心之制裁。」義不義，雖然有其事理上之準衡，但人在行義之當時，是必然要斷之於自己之心的；心安即是義，不安便是不義。因為義不是一個乾冷的理，它是一個人的生命行為之真實表現。我們看子羔子路二人相遇對談，雖然處難之態度不同，但心跡一經表白，便各行其心之所安。即此便可知道「義」決非外在的物事，它是與生命人格不可分的。所以孟子闢告子義外之說，非偶然也。關於子羔脫難的事，《家語．致思》篇云：

季羔為衛之士師（獄官），刖人之足；俄而衛有蒯聵之亂，季羔逃之，走郭門，刖者守門焉。謂季羔曰：「於彼有缺（牆缺）。」季羔曰：「君子不踰」。又曰：「於彼有竇（孔穴）」。季羔曰：「君子不隧」。（王注：隧、從竇出）又曰：「於此有室」。季羔乃入焉。既而追者罷，季羔將出，謂刖者曰：「吾不能虧主之法而親刖子之足矣，今吾在難，正子報怨之時，而逃我者三，何哉？」刖者曰：「斷足，固我之罪，無可奈何。曩者，君（指子羔）治臣（刖者自稱）以法令，先人後臣，欲臣之免也，臣知之；獄決罪定，臨當論刑，君愀然不樂，見於顏色，臣又知之。君豈私臣哉？天生君子，其道固然。此臣所以脫君也（助君脫離危難）。」孔子聞之曰：「善哉為吏！其用法一也，思仁恕則用德，加嚴暴則樹怨。公以行之，其子羔乎？」

（《說苑．至公》篇記載略同）

有缺，「君子不喻」；有竇，「君子不隧」。〈曲禮〉所謂「臨難毋苟免」，子羔是真的做到了。

子羔脫難去衛，重仕於魯。《左傳．哀公十七年》記載，魯君會齊侯盟於蒙，孟武伯為相，子羔亦參預其間。武伯問子羔說：「諸侯盟，誰執牛耳？」子羔告以史無定例：「鄫衍之役，吳公子姑曹（執者為大國）；發陽之役，衛石魋（執者為小國）」。於是孟武伯遂執牛耳主盟。子羔在孟氏成邑宰任內，他的妻子去世，送葬之人多，車馬紛雜，以致損及道旁田禾。或告子羔似應給田民以補償，子羔曰：

「孟氏不以是罪予，朋友不以是棄予，以吾為邑長於斯也；買道而葬，後難繼也。」（〈檀弓下〉）

妻喪而送葬者盈道，正是子羔為宰有善政，而士民親附之證。所以雖犯人之禾，而孟氏不罪，朋友不棄。若予補償，便成「買道而葬」了，犯禾之失小，買道之害大；成邑之宰且買道而葬，則後必為例，而邑民之有喪者將難以為繼。子羔的話正是有見之言，而鄭玄竟說他「恃寵虐民」，真是不知所云了。孟子曾說子產「惠而不知為政」。子羔上面幾句話，與孟子之意實有相合之處。他雖生性謹厚，卻並非只會煦煦為仁。柴也雖愚，但經過師友的薰陶，學識的修養，以及實事的磨練，他已經愚而日明了。

一七、忍辱不辯的公冶長

公冶長可妻也

公冶長，姓公冶，名長，皇疏引范寧注：名芝，字子長。《史記・仲尼弟子列傳》以為齊人，《孔子家語》以為魯人，杜預范寧以為魯之公族。《國語》注謂：「季氏族子季冶，字公冶，為季氏屬大夫，子孫以公冶為氏。」據此，則公冶長應該是季孫氏的旁支了。又《後漢書・郡國志》琅邪國姑幕縣注引張華《博物志》云：「城東南五里，有公冶長墓。」公冶長在《論語》僅一見：

子謂：「公冶長可妻也！雖在縲絏之中，非其罪也。」以其子妻之。（〈公冶長〉篇）

妻、謂以女適人，與之為妻也。縲（音雷）、是墨索。絏（音洩）、亦作紲，繫也。縲絏、是說拘繫於獄中。子、女也，古時男女通稱子。此章寥寥數語，而公冶長之賢德自見。他雖因事入獄，實非其罪；尤其忍辱不辯，更可看出他的貞定自信，所謂「末世刑賞無經，而君子之自反不愧，曾何傷乎？」（王船山語）孔子不嫌他的窮辱，而且還選他為東床快婿，可見聖人取人，以德器為尚；只求素行之端，而並不是以俗情禍福作為取捨之標準的。

通鳥語的傳說

世傳公冶長通鳥語。《論語》邢疏斥為不經，而劉氏正義則以為：「周官隸夷掌與鳥言，貉隸掌與獸言，則以公冶解鳥語，容或有之。」按公冶通鳥語，首見皇侃《論語義疏》之引述。茲據皇疏引別書論釋之文於後，藉以記存。其信與否，讀者自加辨別可也。

公冶長從衛還魯，行至二界上，聞鳥相呼，往清溪食死人肉。須臾，見一老嫗當道而哭。冶長問之，嫗曰：「兒前日出行，於今不返，當是已死亡，不知所在。」冶長曰：「向聞鳥相呼往清溪食肉，恐是嫗兒也。」嫗往看，即得其兒，已死。嫗告村司，村司問嫗從何得之？嫗曰見冶長道如此。村官曰：「冶長不殺人，何緣得之？」因錄冶長付獄主，問何以殺人？冶長曰：「解鳥語，不殺人。」獄主曰：「當試之，若解鳥語，便相放也；若不解，當令償死。」駐冶長在獄六十日，辛日有雀子，緣獄柵上相呼，嘖嘖唯唯，冶長含笑。吏啟獄主：「冶長笑雀語，是似解鳥語。」獄主問冶長，雀何所道而笑之？冶長曰：「雀鳴嘖嘖唯唯，白蓮水邊有車；翻覆黍粟，牡牛折角；收斂不盡，相呼往啄。」獄主未信，遣人往看，果如所言。後又解豬及燕語，屢驗，於是得放。

關於公冶長通鳥語的事，明人楊升菴、楊宗吾、田藝蘅、焦竑、張鼎思諸家，各有記述，而皆云不知其事出於何書。因為皇疏自宋至明，泯滅不傳，直到清朝乾隆年間，纔又得之於日本；至此，六朝舊文古義，始得重見。

一八、三復白圭的南容

南容，姓南宮，名适，字子容，魯人，年歲無考。南容與南宮敬叔是否一人，自鄭玄檀弓注與《史記索隱》以還，即已形成疑端。茲據各家所說，分三點述之於後：

⑴姓字名氏的記載：《史記．仲尼弟子列傳》稱南宮括，字子容；《孔子家語》稱南宮縚（〈檀弓〉同），字子容，縚、或本又作韜；而《論語》則稱南容、南宮适。朱注謂南容「謚敬叔，孟懿子之兄也」。又《史記索隱》謂「南宮括，孟僖子之子仲孫閱也，蓋居南宮，因姓焉。」據上所引，《論語》之南宮适、《史記》之南宮括，《家語》之南宮縚，皆字子容（《論語》稱南容，乃南宮子容之省文），其同為一人，應無庸疑。至於孟僖子之子仲孫閱謚敬叔而居於南宮者，是否為孔子弟子？是否與南容為一人？則須另加討論。

⑵南宮敬叔是否為孔子弟子：以南宮敬叔為孔子弟子，是根據二處記載。一是《左傳．昭公七年》載孟僖子從昭公如楚，不能相禮，及其將死（昭公二十四年），乃遺命二子學禮於孔子，故孟懿子與南宮敬叔，師事仲尼。二是《史記》云：「南宮敬叔言於魯君，請與孔子適周，魯君與之一車兩馬一豎子，俱與適周」（見《孔子世家》）。關於孔子適周，其年

難定，其事亦不足徵信，錢穆《諸子繫年》第四條廣引諸家之說辨之甚詳。至孟氏二子學禮之事，雖《左傳》載有明文，然世祿子弟，不必即正式列於門牆。故毛奇齡曰：「敬叔即曾奉僖子命，與其兄懿子（毛氏據左昭十一年載泉丘女先生懿子，後生敬叔，謂懿子當為兄）學禮於孔子，然並不在弟子之列。《史記》、《家語》所載弟子，止容一人，向使容即敬叔，則未有載敬叔而不載懿子者」。

(3)南容與南宮敬叔是不否一人；朱注謂南容即南宮敬叔，崔述力辨其非，論證詳確。閻若璩曰：「南容名适，一名縚；與敬叔名說（閱）載寶而朝者，當是二人。」《漢書》古今人表、正列南容與南宮敬叔為二人，亦可證也。茲猶有辨者；《史記・弟子列傳》載南宮括字子容，而述《論語》二條以實之，初未言為孟僖子之子也。此其一。孔子嘗稱南容「邦無道，免於刑戮」，此正為貧賤之士言之。而敬叔乃魯之公族，古者刑不上大夫，則孔子何必以免於刑戮論其人？此其二。孔子又稱南容曰：「君子哉若人，尚德哉若人」。而〈檀弓〉謂：敬叔以富得罪定公，出奔於衛，衛靈公請復之，載其寶玉以朝。夫子聞之曰：「若是其貨也，喪（位）不若速貧之為愈也」。則敬叔安得為君子，為尚德之人乎？此其三。據上所述。，敬叔非南容，已甚明白。

南容三復白圭

> 子謂南容：「邦有道，不廢；邦無道，免于刑戮」。以其兄之子妻之。（〈公冶長〉）

南容是一個具有智為，又能謹守退藏的人。所以國家有道，必可見用於世；國家無道，亦能免於刑戮。孔子曾說：「邦有道，危言危行，邦無道，危行言孫」（〈憲問〉）而謹守退藏，免於刑戮，正是「危行言孫」之意。孔子見南容之行藏，合於君子之道，故以其兄孟皮之女妻之。朱注引或曰：「公冶長之賢不及南容，故聖人以其子妻長，而以兄子妻容，蓋厚於兄而薄於己也。」程子曰：「此以己之私心窺聖人也。凡人避嫌者，皆內不足也。聖人自至公，何避嫌之有？況嫁女，必量其才而求配，尤不當有所避也。若孔子之事，則其年之長幼，時之先後，皆不可知，惟以為避嫌，則大不可。避嫌之事，賢者且不為，況聖人乎？」程子之論，可謂甚切事理。《論語》又載：

> 「南容三復白圭，孔子以其兄之子妻之。」（〈先進〉）

白圭、是《詩・大雅・抑》篇之一章。其辭曰：「白圭之玷，尚可磨也；斯言之玷，不可為也」。意思是說：白玉圭的玷缺，還可以磨平；言辭有了缺失，便無法補救了。須知「言者行之表」，一個人如謹於行而忽於言，則仍不免於招辱取禍。南容深知此意，所以一日三復白圭之章。《家語》論南容之德行曰：

「獨居思仁，公言言義，其於詩也，則一日三復白圭之玷，是南宮縚之行也。孔子信其能仁，以為異士。」（〈弟子行〉）

尚德哉若人

南容是個秉性淳厚的有德君子，《論語》記載：

南容适問於孔子曰：「羿善射，奡盪舟，俱不得其死然，禹稷躬稼，而有天下。」夫子不答，南容适出，子曰：「君子哉若人！尚德哉若人！」（〈憲問〉）

「羿」為夏代群后之一。太康失政，羿竊據夏都，國號有窮。太康遷於河南，在位二十九年而崩；弟仲康立，在位十四年，子相繼立。羿善射，好田獵，其臣寒浞弒之。其後寒浞之子澆弒夏后相，夏統中絕四十年，後相子少康起兵誅澆，夏室中興。「奡」（音傲）即寒浞之子澆，顧炎武引《竹書紀年》：「澆伐斟尋，大戰於濰；覆其舟，滅之」。《論語》所謂盪舟、即此覆舟之意；謂奡大力，能盪覆敵人之舟。朱注謂力能陸地行舟，不知何所據。南容的意思是說：羿善射，奡盪舟，恃強力以滅人之國，結果皆不得其死。禹平水土，稷教耕稼，有大功德於天下之民，所以禹受禪讓而為天子；而稷之後裔，至周武王亦終有天下。可見恃力者亡，修德者昌。孔子心許南容之言，但意思已極明白，言詞亦已顯露，是以不再作答。及其辭出，乃特加稱贊，說南容「賤不義而貴有德」，可謂君子之人，而有尚德之心；所以說：「君子哉若人！尚德哉若人！」

一九、鳴琴而治的宓子賤

子賤的治術

子賤，姓宓，名不齊，子賤是他的字。魯人。宓通虙、伏，或謂伏羲氏都於曲阜，子賤即其後也。《後漢書・伏湛傳》，謂傳《尚書》之伏勝，乃子賤之裔孫。《史記・弟子列傳》謂子賤少孔子四十九歲，《索隱》引《家語》謂少三十歲。崔述《考信錄》與錢穆《諸子繫年》皆謂從《家語》為是。

宓子賤最著名的事跡是治單父。《韓非子》、《呂氏春秋》、《賈子新書》、《淮南子》、《韓詩外傳》、《說苑》、《論衡》、《家語》等書皆有記載。宋人黃東發《黃氏日抄》曾引述一則子賤初治單父的故事：

宓子賤為單父宰，恐魯君聽說言，使己不得行其政，於是辭行，故（意）請君之近史二人，與之俱至官。宓子戒其邑宰，令二史書；方書，輒掣其肘，書不善，則從而怒之。二史患之，辭請歸魯，宓子曰：「子之書甚不善，子勉而歸矣！」二史歸報於君曰：「宓子使臣書而掣臣肘，書惡而又怒臣，邑吏皆笑之，此臣之所以去之而來也。」魯君以問孔子，孔子曰：「宓不齊，君子也。其任治，王霸之佐，屈節治單父，將以自試也。意者其以此為諫乎？」君悟，太息而歎曰：「此寡人之不肖。寡人亂宓子之政而責其善，數矣。」遽使告宓子曰：「自今以往，單父非吾有也，從子之制；有便於民者，子決為之。」宓子敬奉詔，於是單父治焉。（《呂氏春秋》所載略同）

此則故事，實為用人任官提示了一個很好的教訓。魯君用子賤而信之不專，常亂其政；幸而子賤有智計，用了一個「從旁掣肘」的諷喻，感悟了魯君。不然，單父安得晏然稱治？《韓詩外傳》與《說苑》皆稱：

「宓子賤治單父，身不下堂，彈鳴琴而單父治。」

於是，「鳴琴垂拱」（史稱堯舜垂拱而天下治），傳為千古美談。其實，這亦並無巧訣，只是任賢用才而已。舜用禹、稷、契、皋陶、伯益為臣，所以能「無為而治」。子賤「請其耆老賢者而與之共治」（語見《說苑》），所以亦能鳴琴而治單父。

《魏書》有一段話，很贊頌子賤的治術：

子產治鄭，民不能欺；子賤治單父，民不忍欺；西門豹治鄴，民不敢欺。魏文帝問群臣：「三不欺，於君德孰優？」太尉鍾繇等對曰：「君任德，則民感義而不忍欺；君任察，則民畏覺而不能欺；君任刑，則民畏罪而不敢欺。任德感義，與夫道（之以）德齊（之以）禮、有恥且格等趨者也；任察、畏罪，與夫道（之以）政齊（之以）刑、免而無恥等趨者也。然則三子之不欺雖同，其所以不欺異矣。辨治者，其以子賤為最賢乎！」

子賤的治術，本於孔子之教，所以最優。

君子哉若人

《說苑・致理》篇記載，孔子問子賤出仕之後，何得何亡？子賤答道：自吾出仕，未有所亡，而所得者三。學日以益，一也；親戚日親，二也；朋友日親，三也。子賤有所得而未有所亡，可見他是一個奮進不已而能日新其德的人。《論語》記載：

子謂子賤：「君子哉若人！魯無君子者，斯焉取斯？」（〈公冶長〉）

上斯字，指子賤；下斯字，指君子之德。魯國受周公之化，雖在春秋末世，猶多賢人君子。而子賤又能見賢思齊，善於取友，所以能夠成其君子之德。《韓詩外傳》云：

子賤治單父，其民附。孔子曰：「告丘所以治之者！」對曰：「所父事者三人，所兄事者五人，所友事者十有二人，所師者一人。」孔子曰：「所父事者三人，足以教孝矣；所兄事者五人，足以教弟（悌）矣；所友事者十有二人，足以去壅蔽矣；所師事者一人，足以慮無失策、舉無敗功矣。惜也，不齊為之小；為之大，功乃與堯舜參矣。」

孔子曾許仲弓「可使南面」這裡又說子賤「為之大，功乃與堯舜參」，孔門多大賢，於此可見。《漢書・藝文志》著錄「宓子十六篇」。《論衡・本性》篇云：「宓子賤、漆雕開、公孫尼子之徒，皆論情性，與世子相出入。」可惜宓子之書已亡佚，我們已無從多聞其餘言緒論了。

另據《韓非子・難言》篇載：「宓子賤西門豹不鬥，而死人手。」《宋書》亦謂：「畢萬全軀，宓賤殘領。」以子賤之修德行潔，亦似乎未得其死。惟清人李鍇著《尚史》，以為其事不足信云。

二〇、勞力教詔的巫馬期

巫馬期的志操

巫馬期，姓巫馬，名施，字子期，《史記．弟子列傳》作子旗，少孔子三十歲。鄭玄曰：魯人。《家語》曰：陳人，《墨子．耕柱》篇載巫馬子謂子墨子曰：「我與子異，我不能兼愛；我愛鄭人於越人，愛魯人於鄒人。」此巫馬子雖未必即巫馬期，但巫馬氏之為魯人，則可於此得一佐證。

《論語》書中，只〈述而〉篇陳司敗問昭公知禮章中，記及巫馬期的姓名。關於他的志操，茲引《韓詩外傳》一段記載以見其概：

子路與巫馬期薪於韞邱之下，陳之富人有車百乘，觴於韞邱之上，子路語巫馬期曰：「使子無忘子之所知，亦無進子之所能，得此富貴終身，無復見夫子，子為之乎？」巫馬期喟然仰天而歎，闇然投鎌於地曰：「吾聞諸夫子：勇士不忘喪其元，志士仁人不忘在溝壑。（《孟子．滕文公章句下》朱注：元、首也。志士固窮，常念死無棺槨，棄溝壑而不恨。勇士輕生，常念戰鬥而死，喪其首而不顧。）子不知予與？試予與？意者其志與？」子路心慚，負薪而歸。

這段話的主旨是稱述巫馬期，拉上子路，只是做個陪襯。子路當然不是這樣的人。孔子曾說：「衣敝縕袍，與衣狐貉者立，而不恥者，其由也與！不忮不求，何用不臧？」（〈子罕〉）子路既是一個不忮不求的人，何至於見一富者而動其心？記者之意，蓋有意借「不忮不求」之子路作襯托，以特顯巫馬期卓絕之志操耳。我們從巫馬期引述孔子「志士不忘在溝壑，勇士不忘喪其元」的話，便可知道他是有著生死以之的節烈精神的。一個節烈之士必能鍥而不捨，因而亦就能建立他的功績。

巫馬期的治績

巫馬期嘗繼宓子賤為單父宰。《呂氏春秋．察賢》篇謂：

宓子賤治單父，彈鳴琴，身不下堂而單父治。巫馬期為宰，以星出，以星入，日夜不居，而單父亦治。巫馬期問故於宓子，宓子曰：「我之謂任人，子之謂任力；任力者故勞，任人者故逸。」人謂宓子則君子矣；逸四肢，全耳目，平心氣而百官治，任其數（術）而已矣。巫馬期則不然。弊生事精（《說苑》作弊性事情），勞手足，煩教詔；雖治，猶未至也。

呂氏之言，雖然抑巫馬期而揚宓子，但披星戴月，夜以繼日，正可看出巫馬期是如何的枯槁不舍，勤政愛民。《中庸》曰：「人一能之己百之，人十能之己千之；果能斯道矣，雖愚必明，雖柔必強。」又曰：「或安而行之，或利而行之，或勉強而行之：及其成功，一也。」就政治道術的境界而言，巫馬期自然不如宓子之高；但宓子的才德，常人那能輕易企及？然則，巫馬期勞力教詔的精神，或者更是今之從政者所應取法思齊的吧。

二一、請學稼圃的樊遲

須也弱而能勇

樊遲，名須，字子遲，魯人。《史記・弟子列傳》謂：少孔子三十六歲，《家語》則謂少四十六歲。《左傳・哀公十一年》記載：魯與齊戰，冉有帥左師，樊遲為車右，季孫曰：「須也弱。」弱，是年少之意。若據〈列傳〉之年，樊遲此時已三十二，豈得謂弱？依《家語》則時年二十二，乃可謂之弱。故樊遲之年當從《家語》。

樊遲參加的這次戰爭，就是有名的「郎之戰」，魯昭公的兒子公叔務人（公為）與童子汪踦皆戰死。孟武伯率領的右師打了敗仗，幸而孟之反殿後掩護，方得安全撤退。冉有率領的左師，因為樊遲奮勇當先，攻入齊軍，而獲大勝。茲節錄《左傳・哀公十一年》之文如下：

> 冉有帥左師，管周父御，樊遲為右，季孫曰：「須也弱。」有子曰：「就用命焉。」（言樊雖年少而能用命）師及齊師戰於郊，師不踰溝，樊遲曰：「非不能也，不信子

也。」（子，指季孫，謂並非不能喻溝攻入齊軍，乃因士眾不信季孫之故。）請三刻而踰之（遲與士眾相約三刻而踰溝）。如之，眾從之。（如遲之言，眾從之踰溝。）師入齊軍，獲甲首八十，齊人不能師（齊人潰不成軍）。

樊遲以二十二歲之年，而能率先踰溝，使冉有之左師攻入齊軍，真可算是一個膽氣豪壯的青年勇士了。同年，孔子由衛返魯，樊遲從學於孔子，可能就在這個時候。

樊遲之問學

樊遲的天資也許不算很慧敏，但他勤學好問的精神，則非常人之所及。《論語》記載：

樊遲問仁，子曰：「愛人」。問知（同智）。子曰：「知人」。樊遲未達。子曰：「舉直錯（捨置）諸枉，能使枉者直。」樊遲退，見子夏曰：鄉也，吾見於夫子問知，子曰：「舉直錯諸枉，能使枉者直，何謂也？」子夏曰：「富哉，言乎！舜有天下，選於眾，舉皋陶，不仁者遠矣，湯有天下，選於眾，舉伊尹，不仁者遠矣。」（〈顏淵〉）

舉用正直的人，捨棄邪枉的人；如此，則邪枉者亦知所戒懼，而歸於正直。這雖是說的用人之道，而用人必先知人，因而亦就等於解答了「智者知人」的問題。樊遲對孔子兩番回答之言，雖然皆未能達，但他並沒有就此罷休，又立即去見子夏；子夏為他舉出兩個「舉直錯諸枉」的實例，他始恍然大悟。他真如《中庸》所謂：「有弗問，問之弗知弗措也」。

朱注引尹氏一段話說得甚好：「學者之問也，不獨欲聞其說，又必欲知其方；不獨欲知其方，又必欲為其事。如樊遲之問仁知也，夫子告之盡矣。樊遲未達，故又問焉；而猶未知其何以為之也，及退，而問諸子夏，然後有以知之。使其未喻，則必將復問矣！」事實上，樊遲亦確曾「復問」過仁與智的道理，一次是問仁，孔子說：「居處恭，執事敬，與人忠；雖之夷狄，不可棄也。」（〈子路〉）另一次是問知（智），孔子說：「務民之義，敬鬼神而遠之，可謂（知）智矣。仁者先難而後獲，可謂仁矣。」（〈雍也〉）樊遲這種好學務實的精神，真是值得效法。

不僅此也，即使在郊遊行樂的時候，樊遲亦仍然不忘問學：

樊遲從遊於舞雩之下，曰：「敢問崇德，修慝（修，治也。慝，音特，心中之惡念也），辨惑。」子曰：「善哉問！先事後得，非崇德與？攻其惡（攻己之惡）無攻人之惡，非修慝與？一朝之忿，忘其身以及其親，非惑與？」（〈顏淵〉）

有這種窮追不捨的精神，又能如此切問而近思，宜乎孔子要說一聲「善哉問」了。

樊遲學稼

孔子之志，在於行大道以易天下。所以雖然「少也賤，多能鄙事」，但孔門設教，則並無農事之科，因為君子之道，不在於是也。《論語．子路》篇記載：

樊遲請學稼，子曰：「吾不如老農」。請學為圃，曰：「吾不如老圃」。樊遲出。子曰：「小人哉，樊須也！上好禮，則民莫敢不敬；上好義，則民莫敢不服；上好信，則民莫敢不用情（誠實），夫如是，則四方之民，襁負其子而至矣；焉用稼？」

朱注引楊氏曰：「樊須遊於聖人之門，而問稼圃，志則陋矣。」這輕輕數言，不但樊遲因之受屈，民國以來，論者且常引據此章而說孔子輕賤農事。孔子對「卑宮室，而盡力乎溝洫」的夏禹，兩稱「吾無間然」；一聽南容「禹稷躬稼而有天下」之言，便稱他「君子哉，尚德哉」，則孔子何嘗；有輕賤農事之意？只為當時天下之弊，並不在田畝荒殘，亦不在百姓不知稼穡；而在於上失其道，民心離散。匡救天下的經世實學，固在此而不在彼。（此，謂好禮、好義、好信；彼，謂稼圃。）假若孔子生當禹稷之世，自然亦行禹稷之道，這就是孟子所謂「易地則皆然」的意思。

而據第一節所述，樊遲出仕蓋甚早，此章所問，當是問治民之事，孔子所說好禮云云，亦正是「居上治民」之意。因此，「漢儒舊說，亦謂遲思以學稼教民。蓋懼末世文勝，直欲以本治天下，一返后稷教民之始；其志甚大，惜其身淪於小民而不知。故夫子既抑之，而仍以大者告之。四方之民至，非大夫以下事也。」（毛奇齡《四書改錯》）孔子言「吾不如老農，吾不如老圃」，豈謂稼圃不善？只是君子之學，所重不在此；而治民之方，亦不在稼圃耳。故樊遲請學稼圃，並非「志陋」，乃是其志甚大，而所問則不切於君子之道而已。

或曰：「樊遲學稼之請，實啟戰國時神農並耕之意」。樊遲為何要學稼圃，自然無法確切知道。但自春秋宣公十五年「初稅畝」（履畝而稅，井田乃廢），土地即已向私有而趨；因而事墾殖，盡地力，亦必漸次引起一些人的注意；或者樊遲有意無意的覺察出社會轉型之趨勢，因而想到稼圃的重要，也未可知。假若這個推想接近事實，則樊遲請學稼圃，竟開李克（悝）「務盡地利」的先河了。

二二、別啟宗風的漆雕開

漆雕開之篤志

漆雕開，姓漆雕名啟，字子開。《史記．弟子列傳》云「漆雕開，字子開。」閻若璩《四書釋地》謂上「開」字本為「啟」，漢人避景帝諱所改，並引《漢書．藝文志》作孔子弟子漆雕啟以為證。其說是也。《史記集解》引鄭玄曰：魯人。《正義》引《家語》云：蔡人，少孔子十一歲。錢穆《諸子繫年》謂漆雕開於孔子卒後，別啟宗風，其年輩當與曾子子張諸人相先後，《正義》引《家語》或脫一四字，少孔子四十一歲，差為近之。《論語．公冶長》篇載：

> 子使漆雕開仕，對曰：「吾斯之未能信。」子說（同悅）。

斯、此也，指仕而言。竹添氏《會箋》云：「去仕者，大而社稷民人，小而庶職事務，皆須有以擔當焉。夫子以開之才德堪以仕，而使之仕；然開不自足，乃言吾未信我之可仕也。吾字有味，人信我，不如我自信。蓋聖賢之志在天下國家，而開之未信，則就此心獨知處說；豈有開不能仕，而錯使之仕乎？蓋學者有得，苟存心於天下，則於人必有所濟，此夫子使開之意也。學未大成，而此理未徹，則雖澤被生民，皆分外也，此開辭夫子之意也。」按漆雕開篤守其志，不欲小試，此所謂「古之學者為己」，故孔子悅之。朱注引程子曰：「曾點漆雕開已見大意。」程門相傳，自來推尊曾點，而朱子晚年則於漆雕開較多稱許。《語類》云：「問漆雕開與曾點孰優劣？曰：舊看皆云曾點高，今看來，卻是開著實。點頗動蕩。」陶淵明《聖賢群輔錄》謂「漆雕氏傳禮為道，為恭儉莊敬之儒。」淵明之說，雖不知何所據，但恭儉莊敬，卻正由篤志務實而來。

《家語・弟子解》云：「開習《尚書》，不樂仕。孔子曰：可以仕矣。對曰：吾斯之未能信。──王肅注曰：未能明斯書之意，故曰未能信也。」按、開習《尚書》，容有其事。不樂仕之說，則不可信。而王肅之注，尤為固陋。孔子嘗言「己欲立而立人，己欲達而達人」。可知不「樂」仕，決非聖門之教，漆雕開自謂於出仕治人之事未能自信，乃是「學如不及」，不敢自足的意思，何嘗是不「樂」仕？至於說是因為「不明尚書之意」而未能信，則更是懸擬影響之談了。

《韓非子・顯學》篇云：

「孔子之死也，有子張之儒，有子思之儒，有顏氏之儒，有孟氏之儒，有漆雕氏之儒，有仲良氏之儒，有孫氏之儒，有樂正氏之儒。」

又云：

「漆雕之議，不色撓，不目逃，行曲則違於臧獲，行直則怒於諸侯，世主以為廉而禮之。」

議、謂所立之義也。違、避也。臧獲、奴婢之稱。揚雄《方言》：「荊、淮、海、岱、雜齊之間，罵奴曰臧，罵婢曰獲。」廉、廉隅之廉，謂有圭角也。漆雕之徒，尚勇任氣，不畏諸侯，威勢不足以屈之，爵祿不足以勸之，所以世主以為廉。王先慎《集解》云：「上有漆雕氏之儒，此別一人。」王蘧常《諸子學派要詮》亦說：「上漆雕氏指漆雕啟，此漆雕則《漢書・藝文志》所謂漆雕啟後、著書者也。」按、漢志著錄漆雕子十二篇。班固自注曰：「孔子弟子漆雕啟後。」宋翔鳳《論語發微》以為「後」字當衍。（後字作「后」，古啟字作「启」，二字形近而誤衍。）錢穆《諸子繫年》從其說，以為韓非所學八儒，惟顏子為孔門前輩弟子，此蓋後儒所推託；而顓孫（子張）漆雕，卻是自闢蹊徑。然則，「漆雕之議」的漆雕，與「漆雕氏之儒」的漆雕，並非前後有二人也。又孟子曰：

「北宮黝之養勇也，不膚撓，不目逃；思以一毫挫於人，若撻之於市朝；不受於褐寬博，亦不受於萬乘之君。視刺萬乘之君，若刺褐夫。無嚴諸侯；惡聲至，必反之。」

又曰：

「曾子謂子襄曰：吾嘗聞大勇於夫子矣。自反而不縮（縮、直也），雖褐寬博，吾不惴焉？自反而縮，雖千萬人，吾往矣。」（〈公孫丑上〉）

梁任公謂：「儒家以智仁勇為三達德，故見義不為，謂之無勇，孔子疾之。孟子此所述，正與漆雕之說同。黝、疑即漆雕氏之儒。孟子又稱，孟施舍似曾子，北宮黝似子夏。蓋儒家實有此一派，二者殆皆儒家者流。」（見〈顯學〉篇釋義——又洪亮吉亦謂北宮黝之養勇，為漆雕氏之學。）

另《墨子・非儒》篇云：「漆雕形殘」。《孔叢子》作「漆雕開形殘」（形殘、謂尚勇而形體傷殘也）。孫貽讓《墨子閒詁》曰：〈弟子列傳〉尚有漆雕哆、漆雕徒父二人，此所云或非開也。《孔叢子》偽託不足據。錢氏《繫年》則謂：「《孔叢子》固不可盡據，然非別有確據，亦何以知此漆雕之決不為漆雕開乎？孫辨亦失之固矣。」

根據上面的引述，漆雕開於孔子卒後，確能自立宗派，義勇是尚。疑者或謂漆雕儒之風，與漆雕開「吾斯之未能信」之言，似異其趣。此意亦非不是。惟孔門學風，本有先進後進之不同；一人之行跡，前後亦容有異。而師尊既卒，別啟宗風，在學術史上亦不算怪異之事；何況篤志者而尚義勇，亦並非本質上宗趣迥異也。錢氏《諸子繫年》第二十九條有一段話說得極精闢，茲錄於下以結此篇：漆雕開立義不辱，澹臺滅明設取予去就，子張堂堂，故為難能。大抵先進渾厚，後進則有稜角；先進樸實，後進則務聲華；先進極之為具體而微，後進則別立宗派；先進之淡於仕進者，蘊為德行，後進之不博文藝者，矯而為瑋奇。此又孔門弟子前後輩之不同，而可以觀世風之轉變、學術之遷移者也。

二三、行不由徑的澹臺滅明

行不由徑解

澹臺滅明，姓澹臺，名滅明，字子羽。魯之武城人，少孔子三十九歲。《論語》載：

子游為武城宰，子曰：「女得人焉爾乎？」曰：「有澹臺滅明者，行不由徑；非公事，未嘗至於偃之室也。」（〈雍也〉）

偃、子游之名；偃之室，謂邑宰之公廳。朱注：「行不由徑，則動必以正，而無見小、欲速之意可知。非公事不見邑宰，則其有以自守，而無枉己徇人之意可見矣。」船山《四書訓義》亦說：「蓋滅明之為人，持志不枉，謹小慎微，以養其剛大之氣者也。子游以文學宰邑，而所得者質樸勇決之士，斯君子之氣者也。子游以文學宰邑，而所得者質樸勇決之士，斯君子之儒乎！」滅明持身方正，故子游以為賢者。此時孔子尚不知其人，後來大概由於子游之介而遊於孔子之門，與子游同為孔門後期弟子。而《史記》說「既已受業而退，修行，行不由徑，非公事不見卿大夫。」（〈弟子列傳〉）將遊學前之事，誤為既受業之後，自是史公之失。滅明非公事不至邑宰之室，這是他自愛自重處。而「行不由徑」，雖是不抄小路，不取捷徑，表示一個人的行趨之正；但其淵源含意，則一般讀者或不甚了解。茲節述劉氏正義之說，以供參證：

焦竑筆乘：古井田之制，道路在溝洫之上，方直如棊枰；行必遵之，毋得斜冒取疾。野盧氏（周禮秋官之屬，掌賓客行道所舍，掌凡道禁）禁野之橫行徑踰者；脩閭氏（周禮秋官之屬，掌閭里道禁之事者）禁徑踰者，皆其證。鄭康成亦云：徑踰射邪趨疾，禁之所以防姦，故橫行徑踰者禁之。君子絕惡於其細，防姦於其微。野盧氏掌凡道禁，塞其塗，弇其跡，則形勢不得為非，使民無由接於姦邪之地。故晏嬰治阿而築蹊徑者，以此也。春秋禁書雖存，而官失其職，道禁之不行久矣。子羽獨奉而行之，以為先王之道存焉；則一步一趨，無在而非先王之道也。

滅明身當春秋之末，井田之制，若存若亡。道路方直之迹，想亦多遭掩滅。行不由徑之人，絕無僅有。獨一澹臺滅明，懍懍於先王之「路」。這種篤守古道的精神，真是所謂「君子無所苟」了。老子說：「大道甚夷（平），而民好徑」。世人常笑行不由徑為「迂」，那是因為世人不知「大道甚夷」，而又不解「欲速則不達」之故。

失之子羽致疑

《史記》與《家語》都有「以貌取人，失之子羽」的話：

⑴子羽「狀貌甚惡（謂其形陋），欲事孔子，孔子以為材薄。」及後，子羽「從弟子三百人，名施乎諸侯。孔子聞之曰：吾以言取人，失之宰予；以貌取人，失之子羽。」（《史記．仲尼弟子列傳》）

⑵澹臺子羽有君子之容，而行不勝其貌；宰予有文雅之辭，而智不充其辯。孔子曰：「里語云：相馬以輿，相士以居。（相馬則試以車，相士則觀其居處行止。）弗可廢與！以容取人，則失之子羽；以辭取人，則失之宰予。」（《家語．子路初見》篇）

澹臺滅明究竟「狀貌甚惡」，還是「有君子之容」？是貌不稱其才，還是才不勝其貌？二書記述，正好相反。滅明行不由徑，持身甚正，已如前文所述，則《家語》「行不勝其貌」的話，自然不足採信。至於《史記》號稱實錄，其可靠性當然很大。如果孔子真有「以貌取人」之言，則其形陋貌惡，蓋是事實。人之才德本亦不因形貌而有增損。但照《史記》記載，「以貌取人，失之子羽」的話，是孔子聽聞澹臺滅明「名施於諸侯」之後所說的，這就很值得懷疑了。考孔子自衛返魯，在哀公十一年，十六年四月孔子卒，計其時不出五年。滅明從遊孔子之前，並無籍籍之聲名，後來遊學於孔子之門，為時亦未甚久——頂多不過四五年，則孔子生前豈能親聞滅明「從弟子三百人，而名施於諸侯」？（《漢書．儒林傳》謂滅明居楚，在仲尼既沒之後，較近事實。）然則，孔子聞之曰：「以貌取人，失之子羽」的話，或者竟是後人的虛構了。

澹臺滅明的特行

關於澹臺滅明在孔子卒後的行跡，《史記》、《漢書》都有記載：

自仲尼既沒，七十子之徒散遊諸侯，大者為卿相大夫，小者友教士大夫，或隱而不見。故子張居陳，澹臺滅明居楚，子夏居西河……（《漢書．儒林傳》）

（澹臺滅明）南游至江，從弟子三百人，設取予去就（立取、予、去、就之準，以為行己處世之則），名施於諸侯。（《史記．弟子列傳》）

按、武城在魯之南彊，近於吳。孔子卒後之六年，越滅吳，魯越遂接壤。越以新興之國，禮賢下士；而楚與越相鄰，分別位於長江中下游。所以滅明「南遊至江」，「居楚」，可能實有其事。而「從弟子三百人，設取予去就，名施於諸侯」，則已經很有孟子「後車數十乘，從者數百人，以傳食於諸侯」（《孟子．滕文公章句下》）的氣派風貌了。可惜史籍有闕，子羽的生平行事，我們已無法詳考。《史記索隱》云：「今吳國東南有澹臺湖，即其遺跡所在也。」

《水經》載有滅明一則故事：「黃河水至此，謂之延津。昔澹臺子羽齎千金璧渡河（齎、音濟，行道所用也。《漢書・食貨志》：「行者齎」。注謂將衣食之具以自隨也），陽侯（水神名）波起兩蛟夾舟（欲奪子羽之璧），子羽曰：「吾可以義求，不可以威劫。」操劍斬蛟，蛟死；乃投璧於河，三投而輒躍（意謂水神不敢受璧，故璧自河躍還於舟）。遂毀璧而去，即此津也。」（《史記集解》引《括地志》注）此則故事，雖涉神異，但滅明的義勇特行，於此可見。而「可以義求，不可以威劫」，亦正是他所設的「取予」之教。《家語・弟子行》云：

> 貴之不喜，賤之不怒；苟利於民矣，廉於行己；其事上也，以佑其下（王肅注：言所以事上，乃欲佑助其下也）；是澹臺滅明之行也。孔子曰：獨貴獨富，君子助之，夫也中之矣（王肅注：夫、謂滅明；中、猶當也）。

《水經注》云：「今泰山南武城縣，有澹臺子羽冢。」《史記正義》則謂：「子羽墓在兗州鄒城縣」。蓋同地而異稱耳。又江西南昌有澹臺滅明之墓。此或屬衣冠冢一類，但亦可為滅明南遊至江、居於楚（江西故楚地）的一個佐證。

二四、憂懼而終的司馬牛

司馬牛的家世

司馬牛，姓向名耕，或曰名犂，字子牛。系出宋襄公之父桓公，故又稱桓氏。桓氏世為宋司馬，以是《論語》與《左傳》皆稱司馬牛。

在孔子有事蹟可考的弟子中，司馬牛是唯一的世家貴族。（至孟懿子兄弟，似未正式列門牆。）兄弟五人，長兄向巢，次為桓魋、亦稱向魋，三為子頎，四為子車，司馬牛最幼。（或曰：子頎子車乃司馬牛之弟，未知孰是。）兄長四人皆不賢。向巢為宋太師，《左傳》稱其每食必擊鐘，生活之侈泰可想而知。桓魋為宋司馬，其人尤驕盈凶暴。《史記・孔子世家》載：孔子過宋，與弟子習禮大樹下，桓魋欲殺孔子，拔其樹；孔子去，弟子曰：可以速矣。子曰：「天生德於予，桓魋其如予何！」（語見《論語・述而》篇）據《左傳》的記載：桓魋欲害宋景公，公討之，遂入曹以叛（哀公八年，宋已滅曹以為邑）。向巢奉公之命伐魋，不克，終亦入曹與魋相合。但因二人「既不能事君，又得罪於民」，曹人乃起而叛之。於是魋出奔於衛，向巢出奔於魯。至於子頎、子車，早與桓魋同黨；兄弟四人，驕侈暴戾，終於造成禍亂。惟司馬牛淒然獨立，心懷傷惻，所以說：「人皆有兄弟，我獨無！」

司馬牛之從學

司馬牛自宋來學於孔子，《論語・顏淵》篇嘗載其「問仁」「問君子」。

司馬牛問仁，子曰：「仁者其言也訒。」曰：「其言也訒，斯謂之仁矣乎？」子曰：「為之難，言之得無訒乎？」

依朱注，訒、忍也。因為司馬牛多言而躁，孔子欲其深思以去其躁急之病，故教以忍制其言。《語類》曰：「仁者之人，言自然訒；若為仁者，則當自謹言語，以操持此心。」據此，則仁者其言也「訒」，亦就是剛毅「木訥」近仁之意。關於此章的解釋，劉氏正義與朱注不同。其言曰：「牛之兄桓魋，有寵於宋景公，而為害於公。牛憂之，情見乎辭。兄弟怡怡，不以義傷恩也。而魋之不共（共音恭，不共、謂不忠敬供事），上則禍國，下致絕族；為之弟者，必須涕泣而道。徐遵明公羊疏申解論語云：言難言之事，必須訒而言之（忍心而言）。蓋訒而言，正所以致其不忍之情也；故夫子以為仁。」此解按切事實立言，頗為中肯。

> 司馬牛問君子，子曰：「君子不憂不懼。」曰：「不憂不懼，斯謂之君子矣乎？」子曰：「內省不疚，夫何憂何懼？」（〈顏淵〉）

司馬牛見其兄桓魋悖逆，將有身敗名裂覆宗絕世之禍，所以心存憂懼。然君子為學，反求諸己而已。苟平日所為，無愧於心，則何憂懼之有？船山訓義曰：「夫心有所期得，而不保其無失也，則憂；勢有所難安，而患旦夕相及也，則懼。」如使得失、禍福、利害、死生不繫於心，則君子居易以俟命，自然內省不疚，無入而不自得。孔子說「君子不憂不懼」，是教司馬牛進德自全，並不是將心中之憂懼，強行加以排遣，而置兄弟之誼於不顧。而劉氏正義不明此意，所以認定此章之問，必在桓魋未謀作亂之時，否則「牛之憂懼，乃人情所萬不能已。而夫子解以不憂不懼，豈非教牛以待越人者待其兄耶？」殊不知君子有立命之道，有俟命之義。司馬牛居心無邪，唯深感利害吉凶有不可知之數，遂以撼動其心而不免於憂懼。此船山所謂「欲為君子而未能為君子者也」。今既來問君子之道，孔子不告以「內省不疚，夫何憂何懼」，豈君子之道尚有「他繆巧」乎？然則，劉氏所謂「教牛以待越人者待其兄」，實在是淺陋妄測之言了。不過，君子之道亦非輕易可幾，而司馬牛又親受國禍家難，所以終於憂懼不已，客死異邦。

司馬牛憂懼而終

司馬牛憂念兄弟行將為亂而身死，所以對子夏說出了他心中的傷歎：

司馬牛憂曰：「人皆有兄弟，我獨無！」子夏曰：「商聞之矣：死生有命，富貴在天。君子敬而無失，與人恭而有禮；四海之內，皆兄弟也。君子何患乎無兄弟也。」（〈顏淵〉）

日人竹添氏《會箋》引周柄中曰：「牛以無兄弟為憂，子夏語以四海之內皆兄弟者，欲其之他國以避禍也。魋嘗欲弒宋公，殺孔子，凶惡素著，滅亡無日矣。為兄弟者，諫之不從，去之不能，惟有見機而作，不與其亂焉可耳。但牛本宋公族，爵祿有列於朝，決然舍去，人情所難。故子夏不便顯言，而微詞以諭之曰：死生有命，富貴在天；是破其繫念之私。曰：敬而無失，恭而有禮；則示以涉世之道。曰：四海之內皆兄弟，若謂天壤甚大，惟吾所之，何必懷此都也？子夏之言，誠所謂忠告而善導之者。而牛不能從，至禍亂作，而後出奔，匆匆不暇擇國，卒至安身無地，客死道途。蓋所謂自貽其慼（憂也）者。惜乎其早不從子夏之言也。」按、周氏所說，雖不必果即子夏之意，而亦頗合情事。

《左傳．哀公十四年》載，當桓魋出奔衛，向巢出奔魯之時，司馬牛亦將其守邑奉還宋君，而到齊國避禍。不久，桓魋在衛亦為人所攻，乃再出奔於齊。司馬牛不願和桓魋同在一國，於是又匆匆適吳，而「吳人惡之」；幸而晉國的趙簡子與齊國的陳成子，皆在此時使人來召。但是司馬牛太憂傷了，終於在北返時，卒於魯國郭門之外。魯人阬（音硜）氏葬之於丘輿。杜預《左傳》注曰：「泰山南城縣西北有輿城。錄其卒葬所在，愍賢者之失所也。」

二五、胸懷灑落的曾點

曾點之狂

曾點，字皙，曾子之父。年歲無可確考，大約略晚於子路，為孔門早期弟子。《孟子》書中有一段申述孔子論狂猬，而又提到曾點之狂的話：

萬章問曰：「孔子在陳曰：『盍歸乎來！吾黨之小子狂簡，進取不忘其初，』孔子在陳，何思魯之狂士？」孟子曰：「孔子不得中道而與之，必也狂猬乎！狂者進取，猬者有所不為也。孔子豈不欲中道哉？不可必得，故思其次也。」「敢問何如斯可謂之狂矣？」曰：「如琴張、曾皙、牧皮，孔子之所謂狂矣。」「何以謂之狂也？」曰：「其志嘐嘐然，曰：『古之人，古之人！』夷考其行，而不掩焉者也。」（〈盡心下〉）

人的資稟性行不同，狂者奮發進取，而足與有為；狷者耿介自守，而有所不為。中道之人則進而能行道，退而能守道，兼有狂狷二者之長；然其人不可必得，所以孔子退而求其次，而特有取於狂狷之士。照孟子的描述，狂者有二大特徵：

⑴其志嘐嘐然：朱注謂：「嘐嘐、志大言大也。」狂者志量高遠，言論闊大，是好古之道而薄今之俗的人。

⑵夷考其行而不掩焉：夷、平也。狂者志高言大，但平心考察他們的行事，則並不能與其思想言論相符合。

綜合上述二點意思，我們可以這樣說：狂者是有性情、有嚮往的人，他們永遠為一個理想提撕著、鼓盪著，他們要擔當，欲有為，所以奮發進取。狂者苟能有成，便是伊尹聖之任者的形態。否則，便成狂簡一流，雖「斐然成章」，而「不知所以裁之」。故狂者大抵難及時措之宜。孔子在陳而有「歸與」之嘆，便是想要裁正在魯之狂士，使能進於中道，以當世之大用。關於曾點之「狂」，難以詳考。〈檀弓〉記載「季武子卒，曾點倚其門而歌」。這自然是狂者行徑，但此事在年輩上很有問題。據《左傳》，季武子（季孫宿）卒於魯昭公七年，孔子年十七，即使曾點子路同年——少孔子九歲，這時亦不過是八歲孩童，安得倚國相之門，以臨喪而歌？當然，我們亦不能因此便斷言曾點一生，並無臨他人之喪而歌的事。無論如何，他是一個「志極高而行不掩」的狂者，則是孟子所已經證實了的。

吾與點也

《論語・先進》篇有一章言詞生動，意境優美的記載：

子路、曾皙、冉有、公西華侍坐，子曰：「以吾一日長乎爾，毋吾以也！居則曰，不吾知也；如或知爾，則何以哉？」子路率爾而對曰：「千乘之國，攝乎大國之間，加之以師旅，因之以饑饉，此及三年，可使有勇，且知方也。」夫子哂之。「求，爾何如？」對曰：「方六七十，如五六十，求也為之，可使足民；如其禮樂，以俟君子。」「赤，爾何如？」對曰：「非曰能之，願學焉。宗廟之事，如會同，端章甫，願為小相焉。」

「點，爾何如？」鼓瑟希，鏗爾！舍瑟而作，對曰：「異乎三子者之撰。」子曰：「何傷乎？亦各言其志也。」曰：「莫春者，春服既成，冠者五六人，童子六七人，浴乎沂，風乎舞雩，詠而歸。」夫子喟然嘆曰：「吾與點也！」

三子者出，曾皙後。曾皙曰：「夫三子者之言如何？」子曰：「亦各言其志也已矣！」曰：「夫子何哂由也？」曰：「為國以禮，其言不讓，是故哂之。」「唯求則非邦也與？」「安見方六七十，如五六十，而非邦也者？」「唯赤則非邦也與？」「宗廟會同，非諸侯而何？赤也為之小，孰能為之大！」

子路、冉有、公西華三人皆有為政之才，孔子亦曾分別加以稱許：「由也東，於從政乎何有？」「求也藝，於從政乎何有？」「赤也，束帶立於朝，可使與賓客言也（謂其有外交才）。」（語見〈雍也〉、〈公治長〉）上引〈先進〉篇三人答問之詞，雖有謙恭與不讓之異，要皆從政為邦之事。惟有曾點，則另是一番氣象。朱注謂：

「曾點之學，蓋有以見夫人欲盡處，天理流行；隨處充滿，無少欠闕。故其動靜之際，從容如此。而其言志，則又不過即其所居之位，樂其日用之常，初無舍己從人之意。而其胸次悠然，直與天地萬物上下同流，各得其所之妙，隱然自見於言外。視三子之規規於事為之末者，其氣象不侔矣。故夫子嘆息而深許之。」

曾點是孔門狂士，所言「浴乎沂，風乎舞雩，詠而歸」云云，確有光風霽月、胸懷灑落之致。在學問義理之層境上，本亦容許人有這種藝術欣趣，以呈現其藝術精神與藝術境界。如《二程遺書》載明道曰：「詩可以興。某自再見周茂叔後，吟風弄月而歸，有吾與點也之意」。便正是此種欣趣與意境。〔註一〕但朱子的注文，則似乎有點張皇。試看章首孔子之言：「如或知爾，則何以（用）哉？」可知此番問答，分明是商量用世之意。用世之學，舍明德、新民，豈有他事？堯舜所做，亦只是治水、教稼、明倫，以及禮樂刑政而已。然則三子述志之言，自是正論，而謂其「規規於事為之末」可乎？〔註二〕然時世衰亂，明王不出，以孔子之聖，尚且不能行道於天下，則三子之志之才，又豈能遂心如願，一展抱負？自來有志者少，無志者多；有志矣，而才或不足稱，故自古又有才難之歎。如今三子有志矣，才相稱矣，而世莫之知，莫能用；則孔子之心，豈不亦甚傷惋？此時，恰好曾點幾句曠達之言，泠然入耳，孔子驟然聞之，深有契於平日飲水曲肱之樂，復有感於浮海居夷之思，於是不禁感慨係之，喟然而嘆！但孔子到底是個「知其不可而為之」的人，所以末段答曾點之問，猶然鄭重為邦之意，而深許三子之才！哂由、是笑其言之「不讓」，於求、則曰「安見……非邦也者？」而於赤、則更直說「赤也為之小，孰能為之大？」孔子之意，豈不甚為明白！然則，「吾與點也」之嘆，自是其深心之感慨（亦是無限的幽默），而並不是莫逆於心的歆羨與贊許了。至於後儒艷稱「吾與點也」，則多半是引為話頭，把來作光景玩弄，這實在「非聖人意也」！

當然，朱子所說，確實境界高美，而曾點之狂者胸次，亦正不易得。三子之志於禮樂、足民、教民義勇，雖然不是朱注所謂「事為之末」，但一切政治的終極目的，亦不過是要「使人樂而得其所」，「使萬物莫不遂其生」。曾點雖行有不掩，然淡淡數言，便透出此中消息，此其所以為高，此其所以為狂者歟！

註一：在孔門，曾點亦自開一流派。後儒凡言「灑脫」「自然」「樂」，皆可繫屬曾點一系，而王學泰州學

派，其最顯著。唯此一流派不是嚴格之「學」的意義。或表現為生命丰姿與人格風光，或表現為生活境界與藝術欣趣，而鮮有標宗以為義理之矩矱或講學之宗旨者。即王艮〈樂學歌〉所謂「樂是樂此學，學是學此樂」，亦仍然是藝術精神的意味重。此是曾點傳統之殊特處。

註二：《十力語要》卷二、六十八頁：「夫子於由、求、赤等，一一以為邦許之，可見孔門師弟精神，非如後儒忽略事功。而朱子集注釋此章，乃獨許曾點，而謂三子規規於事為之末。朱子此種意思，代表宋明理學家，非特其一人之見而已。孔子內聖外王之精神，莊子猶能識之，至宋明諸師，而外王之學遂廢。」又曰：「象山兄弟，天才卓越，頗有民治思想，特其精神亦不屬此，終無所發明也。」按、朱子《四書集注》成於四十八歲之年，後來對「與點」一章之意見亦逐漸變了。《語類》云：「事亦豈可廢！若都不就事上學，只要便如曾點樣快活，將來卻恐怕狂了人去也。學者要須常有三子之事業，又有曾點襟懷，方始不偏。」此時亦不言「三子規規於事為之末」矣。

二六、顏路、琴牢、陳亢、申棖、林放

顏路

顏路，顏淵之父，名無繇（音由），字路，少孔子六歲，為孔子早期弟子。據《論語》記載：

顏淵死，顏路請子之車以為椁（音郭，通作槨，外棺也）。子曰：「才不才，亦各言其子也。鯉也死，有棺而無椁。吾不徒行以為之椁，以吾從大夫之後，不可徒行也。」（〈先進〉）

孔子於魯哀公十一年自衛返魯，同年冬天，《左傳》記載季孫使冉有訪於仲尼，曰：「子為國老，待子而行，若之何子之不言也？」據此，可知孔子返國之後，魯人雖不能用，猶尊敬賢德，待以國老；仍從大夫之列，與聞國家之政。所以孔子說：吾從大夫之後，不可徒步而行。但《論語》這段記載，意思似乎很含蓄；因此，學者提出的疑點亦很多。例如：顏氏家貧，孔子何以不能代為買一槨？顏路請孔子助一槨，為何一定要賣孔子之車？又孔子難道別無他物可賣？且孔子之車，當是國君之命車，又豈可賣之於市？當孔子在衛國時，為了舊館人之喪，曾解驂以相贈，顏路何不亦請孔子賣驂而留車？凡此等等，皆不可一一考，亦不必一一考。所可知者，孔子視顏淵若己子，伯魚死，既然有棺而無槨，今顏淵死，又何必非要有槨不可？此其一。伯魚之才雖不及顏淵，然父子親情並不因才而有異；所以說「才不才，亦各言其子也」。孔子既未賣車為伯魚買槨，今如為顏淵買槨，則是薄伯魚而厚顏淵，此豈人情之所忍！況依禮，車且不可以賣乎？此其二。孔子嘗言：「喪與其易也，寧戚。」顏淵死，孔子「哭之慟」，而有「天喪予」之歎，此其哀戚之情為何如！而顏路必欲為子請求一槨，豈不亦是求喪之「易」？（易，或解為治，或謂當作具；總是虛飾節文，求形式齊備之意。）然則，顏路之請槨，可謂不得聖人之意矣。此其三。或曰：顏淵在弟子中最稱賢能，孔門師弟亦愛之最深，顏淵死，同門且違背孔子之意而予厚葬（見〈先進篇〉），蓋以情誼之深，永訣之痛，遂不暇斷之以義理之至當；則顏路之請槨，亦為喪子之情，哀痛迫切，乃遂不遑計及於禮之當否耳。《論語》記顏路行事，只此一章。另據《孔子家語》：

> 顏淵之喪既祥，顏路饋祥肉於孔子，孔子自出而受之；入，彈琴以散情，而後食之。

祥，是父母喪祭之名。《儀禮·士虞禮》：「期（音基，周年也）而小祥，又期而大祥。」顏淵有子，故行祥祭；而顏路鄭重，乃親饋祥肉於孔子耳。

琴牢

琴牢，不載於《史記·仲尼弟子列傳》，而見於《孔子家語》。今本《家語》謂：

琴牢，衛人，字子開，一字張。與宗魯為友，聞宗魯死，欲往弔焉；孔子弗許，曰：非義也。（〈弟子解〉）

家語之說，本於《左傳》：「琴張聞宗魯死，將往弔之，仲尼曰：齊豹之盜，而孟縶之賊，（杜注：言齊豹所以為盜，孟縶所以見賊——被害，皆由宗魯。）汝何弔焉！」孟縶即公孟，是衛靈公之兄，齊豹是衛之司寇，而宗魯則是由齊豹荐介給公孟做驂乘的。後來齊豹謀作亂，將殺公孟，通知宗魯迴避，宗魯說：「公孟之不善，吾亦知之，抑以利故，不能去也……子行事乎，吾將死之。」他既不勸止齊豹，又不告誡公孟，不義不忠，終於身死。孔子不許琴牢往弔，良有以也。

《左傳》杜預注與上引《家語》之言，皆以琴張即琴牢。按齊豹之亂，在魯昭公二十年，時孔子方三十歲。如欲弔宗魯的琴張，果真就是琴牢，則他的年輩應該與子路曾晳相若，而為孔子早期的弟子。

此外，《孟子》、《莊子》二書亦有琴張。

《孟子・盡心下》：「如琴張、曾晳、牧皮者，孔子之所謂狂矣。」

《莊子・大宗師》謂：子桑戶、孟子反、子琴張三人相與友，子桑戶死，二人或編曲，或鼓琴，相和而歌。

如此看來，琴張自是狂者一流。而《孟子》朱注以為琴張就是琴牢，大概是根據《左傳》杜注與《家語》。後人雖說經傳有琴張，未有琴牢，但亦並無積極的證據足以否定琴張即琴牢的說法。所以併述如上，以供參證。

至於《論語》書中，只在〈子罕〉篇「太宰問於子貢」一章之末，附記琴牢轉述孔子一句「吾不試，故藝」的話，其他的事跡，便無從詳考了。

陳亢

陳亢，見於《孔子家語》，而不載於〈仲尼弟子列傳〉。今本《家語》說：陳亢，字子亢，一字子禽，陳人。（〈弟子解〉）學者也多認為陳子禽就是陳亢。但《論語・子張》篇記載陳子禽對子貢說：「子為恭也，仲尼豈賢於子乎？」這種話實在不像是一個弟子所說的。所以皇侃義疏認為陳子禽是另外一個人，不是陳亢。他的意見似乎值得尊重。而《漢書・古今人表》，正列陳亢與陳子禽為二人。關於陳亢，《論語》亦有記載：

陳亢問於伯魚曰：「子亦有異聞乎？」對曰：「未也。嘗獨立，鯉趨而過庭。曰：『學詩乎？』對曰：『未也。』『不學詩，無以言！』鯉退而學詩。他日，又獨立，鯉趨而過庭。曰：『學禮乎？』對曰：『未也。』『不學禮，無以立！』鯉退而學禮。聞斯二者。」陳亢退而喜曰：「問一得三：聞詩，聞禮，又聞君子之遠其子也。」（〈季氏〉）

伯魚所聞於夫子者，詩與禮而已；這都是孔子所雅言的（雅言、常言也），當然不算「異聞」。伯魚的回答，朗然無隱，而陳亢之問，則不免以私心度聖人之意了。王船山說：

「意聖人有甚秘之藏，一言而即可入聖，愚矣；以子為可私，而聖人偏愛之，愈愚矣；以伯魚之誠慤，謂可誘之使言也，愚不可瘳（音抽，病愈也）矣。使伯魚而果有

異聞乎，又豈向陳亢道哉？……甚哉，亢之愚也！」（《四書訓義》）

船山的話，自然是嚴正之理。不過陳亢「問一而得三」，雖然掩不住私心沾沾之喜，但也不能說他沒有幾分解悟之智。《禮記》嘗載陳亢之兄子車（齊之大夫）死於衛，子車之妻與家宰商議：認為子車病死時，沒有臣僕在旁侍養，因此想要使人殉葬，以侍養子車於地下。商議既定，而陳亢至，亢曰：

「以殉葬，非禮也。雖然，則彼疾當養，孰若妻與宰？不得已，則吾欲以二子者（指子車之妻與家宰）之為之也！」於是弗果用。（〈檀弓下〉）

陳亢這段話很有智辯。因為若只說殉葬非禮，未必能勸阻殉葬的事，於是他指出既是為了要人侍養子車於地下，那末最適合殉葬的，莫如子車之妻及其家宰；而二人既不想死，殉葬便自然「弗果用」了。

申棖

申棖（音程）之名，誤衍最多，《史記．仲尼弟子列傳》有申黨，字周；《孔子家語》

有申續，字子周。黨字，或作棠、又作堂，作儻，皆因與棖音相近而變；（詩豐云「俟我堂兮」，鄭箋：堂、當作棖。可證也。）續字，或作績，又作繢，作繚，都是形近傳寫之誤。《史記索隱》謂文翁圖有申棖與申棠，而今所傳禮殿圖，則只有申黨而無申棖，《文獻通考》亦說文翁石室圖，無所謂棖與棠也。則文翁圖本止申黨一人，諸字皆由音近通用，所以纔形成「莫知其孰為正」的紛擾。自唐宋以來，皆以申黨申棖二個名字配祀孔廟，下迄明代嘉靖九年，更正孔廟祀典，保留申棖，撤去申黨；至此，申棖才算恢復本來面目。

申棖生平事跡，無多可述。《論語》有一章記載：

> 子曰：「吾未見剛者！」或對曰：「申棖。」子曰：「棖也慾，焉得剛！」（〈公冶長〉）

朱注引謝氏之言：「剛與慾，正相反。能勝物，之謂剛，故常伸於萬物之上；為物揜，之謂慾，故常屈於萬物之下。自古有志者少，無志者多，宜夫子之未見也。棖之慾不可知，得非悻悻自好者乎！故或者疑以為剛，不知此其所以為慾爾！」謝氏所謂「悻悻自好」，大概是說意氣甚盛，自以為是的意思。棖之慾自不可知，但總與「剛」有近似，而決非軟性面之放縱恣肆。大抵尚勇強，好聲名，而不能於世情無繫戀；以是，常徇於物而不能勝物。棖之慾，或者是這一類。

剛為柔之對。常言剛正、剛直、剛大、剛強、剛烈，皆有陽剛之美。所以剛是乾德，是天德，而近於仁。（仁非柔也。仁之性，覺與健而已。仁道生生不已，所以剛健創造，都是仁的發用。）一個人如果多慾，則枉而不正，曲而不直，自然將失其剛正剛直之德，而餒其剛大之氣。「無慾則剛」，豈不然哉！

林放

林放，魯人。〈仲尼弟子列傳〉與《家語》皆不載其名氏，而文翁《禮殿圖》則列為孔子弟子。文翁於西漢景帝時為蜀郡太守，立學宮於成都市中，首祀孔子，又畫弟子七十二人之像於壁，其中有林放。《論語》書中，有兩處孔子稱道林放的話。一是稱贊他問禮之本，一是季氏旅（祭名）於泰山，子曰：「曾謂泰山不如林放乎？」（〈八佾〉）孔子之意，是說林放尚且知道問「禮之本」，難道泰山之神祇反而不如林放，竟會安然接受季氏非禮的諂祭？問禮之本一章，亦見於〈八佾〉篇：

林放問禮之本，子曰：「大哉問：禮，與其奢也，寧儉；喪，與其易也，寧戚。」

林放鑒於世人競務於禮之虛文，而棄滅禮之實質，於是特別發此一問。孔子贊賞他能探求本原，因此大其問，大者，贊美之也。禮，本於人心之仁，所以孔子說：人而不仁，如禮何？人之為禮，貴能適度中節。奢則外有餘而內不足，儉則外不足而內有餘；外不足者其本尚在，內不足者則其本將亡。所以說「與其奢也，寧儉」。而喪者，死生之際，其禮益重。故孔子又舉出喪禮一端，說「與其易也，寧戚」。《禮記．檀弓上》記載子路之言：「吾聞諸夫子：喪禮，與其哀不足而禮有餘也，不若禮不足而哀有餘也。」這正可用作「與其易也，寧戚」的解釋。

禮者，仁之表也。故禮有內在之質與外在之文。質為本而文為末；禮貴得中，必須本末兼盡。所以林放問禮之本，而孔子並沒有以何者為本而答之。想是恐人執本以賤末，又向偏處領會吧。今舉「與其奢寧儉，與其易寧戚」之兩端以告，則本末自見，而禮之「中」亦便可得而知了。這正是孔子「舉一反三」之教，故言似卑近，而意實遠到。

二七、孔門弟子名表

姓名	字	年籍	備考
顏回	子淵	魯人 少孔子三十歲	
閔損	子騫	魯人 少孔子十五歲	
冉耕	伯牛	魯人	《聖門志》、《闕里廣志》：少孔子七歲
冉雍	仲弓	魯人	《索隱》引《家語》：少孔子二十九歲
冉求	子有	魯人 少孔子二十九歲	
仲由	子路	魯之卞邑人 少孔子九歲	
宰予	子我	魯人	

端木賜	子貢	衛人 少孔子三十一歲	
言偃	子游	吳人 少孔子四十五歲	《索隱》引《家語》：魯人
卜商	子夏	衛人 少孔子四十四歲	
顓孫師	子張	陳人 少孔子四十八歲	
曾參	子輿	魯之南武城人 少孔子四十六歲	
澹臺滅明	子羽	魯之武城人 少孔子三十九歲	
宓不齊	子賤	魯人 少孔子四十九歲	《索隱》引《家語》：少孔子三十歲，較為近是。
原憲	子思	魯人	《索隱》引《家語》：少孔子三十六歲。錢穆《諸子繫年》謂三十六當作二十六。
公冶長	子長	齊人	《家語》云：魯人
南宮括	子容	魯人	《論語》括作适、又稱南容、《家語》作南宮縚。

公晳哀	季次	齊人	《家語》作公晳克。《史記・遊俠列傳》：「季次、原憲，懷獨行君子之德，義不苟合於當世、終身空室蓬戶，褐衣疏食不厭。」
曾蒧	晳	曾子之父	（蒧音點）《論語》作曾點
顏無繇	路	顏子之父	（繇音由）《索隱》引《家語》：少孔子六歲
商瞿	子木	魯人 少孔子二十九歲	史遷云：魯商瞿受易孔子，傳六世至齊人田何。何傳東武人王同，同傳淄川人楊何，何元朔中以治易漢中大夫。
高柴	子羔	衛人 少孔子三十歲	《家語》云：齊人
漆雕開	子開	魯人	《家語》云：蔡人，字子若，少孔子十一歲。錢穆《諸子繫年》謂、或脫四字，少孔子四十一歲，差為近之。
公伯寮	子周	魯人	《論語》作公伯寮，其人嬖於季孫，讒愬子路，孔子不之責而有「公伯寮其如命何」之歎，（見〈憲問〉篇）則非弟子之流甚明。《家語》無公伯寮。
司馬耕	子牛	宋人	《論語》稱司馬牛
樊須	子遲	魯人 少孔子三十六歲	《家語》云：少孔子四十六歲，較為近是。
有若		魯人	《正義》引《家語》：少孔子三十三歲

		少孔子十三歲	《論語》邢疏引《史記》作少四十三歲
公西赤	子華	魯人 少孔子四十二歲	錢穆《諸子繫年》引崔述、金鶚之說，謂當少孔子三十二歲，較為近是。
巫馬施	子旗	魯人 少孔子三十歲	《論語》作巫馬期，《家語》云：陳人。
梁鱣	叔魚	齊人 少孔子二十九歲	
顏幸	子柳	魯人 少孔子四十六歲	
冉孺	子魯	魯人 少孔子五十歲	《家語》有本作冉儒，字子魚，蓋形近而誤。
曹卹	子循	少孔子五十歲	
伯虔	子析	少孔子五十歲	虔或作處，《家語》云：字子晳。
公孫龍	子石	少孔子五十三歲	鄭玄曰：楚人。《家語》云：衛人。按名家之公孫龍，與荀子並世，與此非一人。
冉季	子產	魯人	按：此下四十二人，年歲皆無考。
公祖句茲	子之		（句音鉤）
秦祖	子南	秦人	

漆雕哆	子斂	魯人	（哆、赤者切、音扯；或讀典可切）今《家語》哆作侈。
顏高	子驕	魯人	《家語》作顏刻，〈孔子世家〉亦同。刻、又作剋。顏高孔武有力，據《左傳》、其弓重六鈞，定公八年侵齊之役，極盡忠勇，竟戰死。又《孔子世家》載、孔子過匡，顏刻僕，以其策指之曰：「昔吾入此，由彼缺也。」言下頗有雄風依舊話當年之概。
漆雕徒父			今《家語》作漆雕從，字子文。蓋徒從形近、又以父為字而誤作文而然。
壤駟赤	子徒	秦人	壤駟、複姓，見《通志略》。今《家語》作穰駟赤，字子從，皆形近而誤。
商澤	子季		子季或作子秀
石作蜀	子明		蜀或作觸
任不齊	選	楚人	
公良孺	子正	陳人	其人賢而有勇。《孔子世家》載：孔子去陳過蒲，會公叔氏以蒲畔，蒲人止孔子。有弟子公良孺者，以私車五乘從，鬥甚疾，蒲人懼，出孔子東門，孔子遂適衛。
后處	子里	齊人	今《家語》后作石，蓋形近而誤。
秦冉	開		《家語》無秦冉
公夏首	乘	魯人	今《家語》首作守，蓋聲近而誤。

奚容蒧	子晳	衛人	
公堅定	子中	魯人或曰晉人	堅或作肩
顏祖	襄	魯人	
鄡單	子家	晉人	《家語》有縣亶，又作県亶，當即此鄡單也。《漢書・地理志》鉅鹿郡有鄡縣，《後漢書・郡國志》鄡改作鄡。《正字通》：鄡同鄡。而県蓋即鄡的省寫。字又作縣者，誤寫耳。至亶與單，蓋聲近而互用。如古公亶父或亦作單父是也。（県、鄡、鄡，皆堅堯切，音澆。）
句井疆		衛人	（句音鉤）
罕父黑	子索		
秦商	子丕		《家語》云：魯人，字丕茲。其父秦堇父為孟孫氏家臣，與孔子父叔梁紇皆以勇力聞。《左傳・襄公十年》載，秦堇父隨師攻偪陽，有戰功。生秦丕茲，師事孔子。
申黨	周	魯人	《論語》作申棖
顏之僕	叔	魯人	
榮旂	子祺		
縣成	子祺	魯人	（縣音玄）

左人郢	行	魯人	
燕伋	思		
鄭國	子徒		《家語》作薛邦，字徒，薛鄭二字蓋形近而誤。國字則避漢高祖諱而改耳。
秦非	子之	魯人	
施之常	子恆		
顏噲	子聲	魯人	
步叔乘	子車	齊人	
原亢籍			《家語》曰：名亢、字籍。今本《家語》有原桃，字子籍，蓋形近傳寫有誤耳。
樂欬	子聲	魯人	今《家語》欬作欣，蓋形近而誤。
廉絜	庸	衛人	或作原絜，字子曹。
叔仲會	子期	魯人	《家語》云：少孔子五十歲，與孔琁年相比。二孺子俱執筆迭侍於夫子，孟武伯見而訪之。
顏何	冉	魯人	《家語》云：字稱。今本《家語》闕顏何。
狄黑	皙		
邽巽	子斂	魯人	《家語》巽作選。文翁《禮殿圖》作國選，疑邽或本作邦，為避

			漢高祖諱，文翁乃改作國耳。
孔　忠	子蔑	孔子兄孟皮之子	
公西輿如	子上		
公　西　蒧	子上	魯人	《家語》云：字子尚。
以上七十七人，據《史記·仲尼弟子列傳》；其數與《家語》所載同。惟《家語》無公伯僚、秦冉、鄡單（今本《家語》又闕顏何）；而別有琴牢、陳亢、縣亶。據前表所說，縣亶蓋即鄡單，則〈列傳〉不載而見於《家語》者，止「陳亢」「琴牢」而已。			

今按：《史記·孔子世家》云：「孔子以詩書禮樂教弟子，蓋三千焉，身通六藝者七十有二人。」孔子自言有教無類，故三千弟子中，流品甚雜——有互鄉童子，有梁父大盜（《呂氏春秋》云：顏涿聚、梁父之大盜也，學於孔子）。惟此正見孔子之大，初無損於孔子也。然三千之數，亦不可考。清人朱彝尊梁玉繩等，廣採諸書，亦祇得一百零九人。茲錄柳貽徵《中國文化史》引梁玉繩《史記志疑》一節，以供參考：「孔子弟子之數，有作七十人者：《孟子》云七十子；《呂氏春秋·遇合》篇云達徒七十人；《淮南子·泰族訓》及〈要略〉俱言七十；《漢書·藝文志》序、〈楚元王傳〉所謂七十子喪而大義乖是已。有作七十二人者：《孔子世家》、文翁《禮殿圖》〔註〕、《後漢書·蔡邕傳》、鴻都畫像、《水經注》八、漢魯峻冢壁像、《魏書·李平傳學堂圖》，皆七十二人；《顏氏家訓·誡兵》篇所稱仲尼門徒升堂者七十二是已。有作七十七人者：此傳（按謂〈仲尼弟子列傳〉及《漢

書·地理志》是已。《孔子家語》七十二弟子解實七十七人，今本脫顏何，止七十六。其數無定，難以臆斷。《漢書·藝文志》有《孔子徒人圖法》二卷。《集解》載鄭康成孔子弟子目錄，隋唐志云一卷。此二書久亡。《漢書》人表既疏略不備，而鴻都像、李平圖俱失傳。魯峻石壁僅覩隸續殘碑。文翁圖在顯晦之間，不盡可憑。世儒據以考弟子者，惟《史記》、《家語》。而古文《家語》已不得見。今《家語》並非王肅舊本，則《史記》又較《家語》為確。史公從孔安國受學，親見安國撰集之古文《家語》。故曰弟子籍出孔氏古文者近是。雖然，弟子之數，豈止七十七人而已哉。若以陳亢、琴牢、牧皮、林放、仲孫何忌、仲孫說、孟武伯彘、子服何、孺悲、左邱明、公罔之裘、序點、賓牟賈、顏濁鄒、顏涿聚、盆成适、鞠語、季襄、惠叔蘭、常季、孔璇、闕黨互鄉二童子、廉瑀、左子慮、襄子孺、襄子魚、公子虛、駟子言、顏子思、巫子、荀子三十二人，增入七十七弟子，通計一百九人。）而此一百九人中，有僅傳姓名，莫知其事跡者。書簡有缺，固無從懸測矣。

註：文翁於漢景帝時為蜀郡太守，立學宮於成都市中，首祀孔子；又畫七十二弟子之像於壁，其中有林放。今按、歷代孔廟祀典，見於《通典》、《文獻通考》與史書禮志。明嘉靖九年（西元一五三〇）更正祀典：孔子神位題：「至聖先師孔子」。其四配稱：「復聖顏子，宗聖曾子，述聖子思子，亞聖孟子」。十哲以下群弟子稱：「先賢某子」。左邱明以下歷代諸儒稱：「先儒某子」。屏撤塑像，製為神主。而自漢代以降歷代帝王追贈之諡號爵稱，亦一律除而不用。此制相沿至今，未再改易。

二八、孔門師弟年表

周（西元前）	魯	孔子年歲	事略	備考
靈王二一 五五一	襄公二二	一	孔子生於十月庚子。合夏曆（農曆）八月二十七日，陽曆九月二十八日。	
二六 五四六	二七	六	孔子常與群兒嬉戲，設俎豆，為禮容。	弭兵之會
二七 五四五	二八	七	顏無繇生	
二八 五四四	二九	八	冉耕生	吳季札歷聘諸侯，觀樂於魯。四年後，晉韓宣子聘魯，曰、周禮盡在魯矣。
景王三	三一	一〇	仲由生	

五四二				
八 五三七	昭公 五	一五	孔子十五而志於學	去年冬，叔孫豹卒。
九 五三六	六	一六	閔損生 曾點生（？）	鄭子產鑄刑書，晉叔向譏之。
一三 五三二	一〇	二〇	孔鯉生 孟子曰：孔子嘗為委吏矣，曰、會計當而已矣；嘗為乘田矣，曰、牛羊茁壯長而已矣。其事當在此時前後。	
二〇 五二五	一七	二七	原憲生（從錢氏繫年考辨。依索隱引家語，則後此十年生） 郯子朝魯，孔子見而學古官制；既而告人曰：吾聞之，天子失官，學在四夷，猶信。	
二三 五二二	二〇	三〇	冉雍生 冉求生 宰予生（？） 琴張從遊孔子，當在此時或稍前。	子產卒，孔子聞之，出涕曰：古之遺愛也。
二四 五二一	二一	三一	顏回生 高柴生 宓不齊生 巫馬期生	
二五 五二〇	二二	三二	端木賜生	

敬王元 五一九	二三	三三	公西赤生（從崔述考信錄。依列傳則後此十年生）	
二 五一八	二四	三四	有若生（據正義引家語。依列傳則前此二十年生，依論語邢疏引史記則後此十年生。） 孟僖子卒，遺命其二子——孟懿子、南宮敬叔學禮於孔子，時二人年十四耳。	
三 五一七	二五	三五	孔子適齊、聞韶，三月不知肉味。齊景公問政焉。	
五 五一五	二七	三七	吳季札聘齊，其長子喪，孔子往觀禮焉，相傳孔子為書墓碑曰：「烏乎！有吳延陵君，子之葬」。 孔子自齊返魯，當在此年。	
八 五一八	三〇	四〇	澹臺滅明生	去年、晉鑄刑鼎，孔子譏之
一〇 五一〇	三二	四二	漆雕開生（從錢氏繫年考辨。依正義引家語，則前此二十年生。）	
一三 五〇七	定公 三	四五	卜商生	
一四	四	四六	言偃生	吳師入郢。上距弭兵之

五〇六				會四十年
一五 五〇五	五	四七	曾參生　樊須生（據家語。依列傳則前此十年生）。陽虎擅魯政。孔子不仕，退而修詩書禮樂，弟子彌眾，來自遠方，莫不受業焉。	
一七 五〇三	七	四九	顓孫師生	
一八 五〇二	八	五〇	公山不狃自費召孔子	三桓攻陽虎，虎奔陽關；明年奔齊。
一九 五〇一	九	五一	孔子仕魯為中都宰，嗣為司寇。原憲為孔子家宰，當在此時。	春、鄭駟歂殺鄧析而用其竹刑。傳言孔子侏少正卯，蓋即此事之訛傳衍變而成。
二〇 五〇〇	一〇	五二	孔子相定公與齊景公會於夾谷，以禮屈齊。齊歸汶陽之田於魯。公西華為孔子使於齊，當在此時前後。	晏平仲卒
二二 四九八	一二	五四	孔子見信於季孫，三月不違，孟子所謂「見行可之仕」也。時孔子為司寇，子路為季氏宰，二人相為表裡，主墮三都——墮郈、墮費，將墮成，	

			弗克。季氏使閔子騫為費邑宰，閔子辭；子路乃使子羔，孔子曰：賊夫人之子。冬，季桓子受齊女樂，明年春郊，從而祭，膰肉不至，孔子行。孟子曰：不知者，以其為肉也；其佑者，以其為無禮也。	
二三 四九七	一三	五五	孔子適衛，冉有僕御，子路、顏回、子貢等隨行。孟子曰：孔子於衛靈公，為「際可之仕」，際、接也。靈公接遇賢者有禮，而衛又多君子（如蘧伯玉、史魚、公叔文子、公子荊等），此孔子所以適衛歟！	
二四 四九六	一四	五六	孔子過蒲——畏匡，子曰：文王既沒，文不在茲乎！天之未喪斯文也，匡人其如予何！子畏於匡，顏回後，子曰：吾以汝為死矣！曰：子在，回何敢死？	
二五 四九五	一五	五七	孔子在衛 邾隱公朝魯，子貢往觀禮焉。	
二七 四九三	哀公 二	五九	衛靈公卒。衛君父子爭位，孔子不為（助）衛君（出公輒），乃去衛。過儀邑，封人曰：二三子何患於喪（失位）乎，天將以夫子為木鐸。	去年，吳伐越、勾踐棲於會稽。

二八 四九二	三	六〇	孔子過宋。桓魋欲害孔子，子曰：天生德於予，桓魋其如予何！（按，過曹、過鄭，當在此時前後。）五月在陳，聞魯桓僖廟災。七月、季桓子卒，遺命康子召孔子返魯，為人所尼，乃改召冉有。 孔子在陳，思魯之狂士，有「歸與」之歎。	
三〇 四九〇	五	六二	齊景公卒，公子陽生與子王（後為簡公）奔魯，宰我與之相善。明年，陽生返齊，立，是為悼公，宰我亦遂至齊。	
三一 四八九	六	六三	春、吳伐陳。孔子去陳，將適楚，絕糧於陳蔡之間，子路、顏回、子貢等隨侍。 孔子至葉（時屬楚），葉公問政，子曰：近者悅，遠者來。 孔子自楚返衛。子路曰：衛君待子而為政，子將奚先？子曰：必也正名乎！孟子謂孔子於衛孝公（即出公輒）為「公養之仕」。	
三二 四八八	七	六四	子貢仕於魯——魯與吳會於鄫、吳太宰召季康子，康子使子貢辭。	
三三 四八七	八	六五	吳伐魯，魯大夫微虎欲以士卒三百宵攻吳王舍，有若與焉，吳王聞之，一夕三遷。	

三五 四八五	一〇	六七	齊人弒悼公，簡公繼立，使宰我為政，陳成子（田常）憚之。	
三六 四八四	一一	六八	春、冉有為季氏將師，與齊戰於郎，克之。季康子曰：子之於軍旅，學之乎，性之乎？對曰：學之於孔子。是役也，樊遲、孟之反皆有功，汪踦死之。 五月，魯與吳會師，敗齊於艾陵，子貢亦在軍中。 孔子自衛返魯，魯人待以國老。自孔子去魯，至今十四年矣。 孔子曰：「吾自衛返魯，然後樂正，雅頌各得其所」。世謂孔子刪詩，序書、訂禮、正樂、贊易，皆返魯以後事也。 冬，季氏欲以田賦，使冉有訪於孔子，孔子非之，有「施取其厚，斂從其薄」之言。季氏不聽，明年春，用田賦。	
三七 四八三	一二	六九	吳來尋盟，哀公使子貢辭。 吳會諸侯，將執衛君，子貢說吳太宰而免之。 子游為武城宰，子夏為莒父宰，當在此時或稍後。另仲弓為季氏宰，宓子賤、巫馬期先後治單	明年、黃池之會

			父，不知在何時，疑亦在孔子歸魯之後也。	
三九 四八一	一四	七一	春，西狩獲麟，孔子曰：吾道窮矣！乃作春秋，至獲麟而絕筆。 小邾射以句繹來奔，不信魯國之盟，而信子路之一言。子路曰：「彼不臣而濟其言，是義之也，由弗能」！遂適衛。 顏回卒，子哭之慟，曰：天喪予！ 五月、田常作亂，劫齊簡公，宰我死難焉。六月田常弒簡公，孔子請魯討田氏，曰：「以魯之眾，加齊之半，可克也」，不聽。 宋向氏作亂，司馬牛奔齊、奔吳，終死於魯郭門外。	
四〇 四八〇	一五	七二	秋、陳瓘（陳成子之兄）如楚過衛，子路見之，說齊善魯以待時。陳瓘曰：「然，吾受命矣」。 冬，子服景伯使齊，子貢為介，說陳成子歸成邑於魯。衛亂，子路死孔悝之難，高柴去衛歸魯。	
四一 四七九	一六	七三	夏四月己丑，孔子卒。 檀弓：「孔子之喪，門人疑所服，子貢曰：昔者，夫子之喪顏淵，若喪子而無服，喪子路亦然。請喪夫子若喪父而無服。」於是弟子服心喪	

			三年。 孟子：三年之外，門人治任將歸，入揖於子貢，相向而哭，皆失聲，然後歸。子貢反，築室於場，獨居三年，然後歸。他日，子夏、子張、子游以有若似聖人，欲以所事孔子事之，彊曾子，曾子曰：不可！江漢以濯之，秋陽以暴之，皜皜乎不可尚已！ 史記儒林列傳：孔子卒後，七十子之徒，散遊諸侯。大者為師傅卿相，小者友教士大夫，或隱而不見。故子路居衛（按已先孔子卒），子張居陳，澹臺滅明居楚，子夏居西河，子貢終於齊。自田子方、段干木、吳起之屬，皆受業於子夏之倫，為王者師。	
四二 四七八	一七	孔子卒後一	魯與齊會於蒙，孟武伯相，高柴從。（左傳）	
元王四 四七二	二三	七	冉有使宋，弔君夫人之喪。（左傳）	去年，越滅吳
七 四六九	二六	一〇	叔孫舒會越師納衛君，時子貢仕於衛。（左傳）	

貞定王元 四六八	二七	一一	春、季康子將召子貢至魯；四月，康子卒。（左傳） 孟子云：曾子居武城，有越寇。當在此年。	越徙都琅琊。三年後，勾踐卒。
二二 四四七	悼公 二一	三二	子張卒——掘坊志：子張卒年五十七。 檀弓：子張之死，曾子有母之喪，齊衰而往哭之。	
二三 四四六	二二	三三	子夏居西河教授，為魏文侯師。（史記）	魏文侯初立（從錢氏繫年考辨）
二六 四四二	二五	三六	子游卒——言氏舊譜：子游卒年六十四。檀弓：「有若之喪，悼公弔焉，子游擯」。是有若已先子游卒矣。	
考王五 四三六	元公 元	四三	曾子卒——闕里文獻考：曾子年七十而卒。	
威烈王元 四二五	一二	五四	魏文侯正式稱侯。子夏時年八十四。至此，孔門弟子蓋皆已故世矣。 〔附按〕文侯禮賢下士，與魯穆公並稱賢君焉。文侯（西元前四四六—三九七）師子夏、友田子方（學於子貢）、敬段干木（學於子夏）。其賢相：魏成子（文侯弟）、翟璜、李克（學於子夏）。其能臣：吳起（學於曾子）、西門豹、樂	文侯名斯，魏桓子之子，立二十二年而稱侯，稱侯二十八年而卒。其子擊稱武侯；其孫瑩，即孟子書中之梁惠王也。

羊子。
繆公（西元前四一五—三八三）尊禮之賢者：子思（孔子之孫），曾申（曾子之次子，字子西，亦稱曾西。趙岐、朱子以曾西為曾子之孫，誤，困學紀聞有辨。），申詳（子張之子，荀子、說苑稱顓孫子莫，蓋即孟子所謂「子莫執中」者也），泄柳，公儀休（相繆公）。又吳起嘗仕魯。墨子與繆公亦有問答之言（見墨子魯問篇）。繆公卒後之十一年，孟子生。

參考書目舉要

四書集注　宋朱熹撰，藝文印書館影印本。
四書訓義　明王夫之著，船山全集影印本，力行書局印行。
論語注疏　晉何晏集解，宋刑昺疏，藝文印書館影印。
論語義疏　梁皇侃疏，廣文書局印行。
論語正義　清劉寶楠撰，世界書局印行。
論語會箋　日本竹添光鴻撰，廣文書局印行。
孟子正義　清焦循撰，中華書局印行。
春秋左傳正義　晉杜預注，唐孔穎達疏，藝文印書館影印。
禮記正義　漢鄭玄注，唐孔穎達疏，藝文印書館影印。
禮記集說　元陳澔撰，粹芬閣藏本，啟明書局影印。
大小戴禮記選注　王夢鷗撰，正中書局印行。
史記　漢司馬遷撰，宋裴駰集解，唐司馬貞索隱，唐張守節正義，藝文印書館影印。

韓詩外傳　漢韓嬰撰，漢魏叢書本。
孔子家語　魏王肅注，世界書局印行。
說苑　漢劉向撰，商務印書館印行。
洙泗考信錄　清崔述撰，世界書局印行。
先秦諸子繫年　錢穆著，香港大學出版社印行。
諸子考釋　梁啟超著，中華書局印行。
莊子集解　清王先謙撰，商務印書館印行。
墨子閒詁　清孫貽讓撰，商務印書館印行。
荀子集解　唐楊倞注，清王先謙集解，商務印書館印行。
韓非子集解　陳奇猷撰，世界書局印行。
呂氏春秋　漢高誘注，清畢沅校，世界書局印行。
淮南子　漢高誘注，世界書局印行。
二程遺書　四部備要本，中華書局影印。
朱子語類　宋朱熹語錄，正中書局印行。
陸象山全集　宋陸九淵撰，世界書局印行。
傳習錄　明王守仁撰，商務印書館印行。
日知錄　明顧炎武撰，商務印書館印行。

經學歷史　清皮錫瑞撰，藝文印書館影印。
讀經示要　熊十力著，廣文書局印行。
歷史哲學　牟宗三著，人生出版社印行。
心體與性體（第一冊）　牟宗三著，正中書局印行。
人文精神之重建　唐君毅著，新亞研究所出版。
中國人性論史（先秦篇）　徐復觀著，商務印書館印行。
中國文化史（上冊）　柳貽徵著，正中書局印行。

國家圖書館出版品預行編目資料

孔門弟子志行考述

蔡仁厚著. – 初版. – 臺北市：臺灣學生，2025.01
面；公分

ISBN 978-957-15-1908-1 (平裝)

1. 儒家

121.24 112004015

孔門弟子志行考述

著 作 者 蔡仁厚
出 版 者 臺灣學生書局有限公司
發 行 人 楊雲龍
發 行 所 臺灣學生書局有限公司
地 址 臺北市和平東路一段 75 巷 11 號
劃撥帳號 00024668
電 話 (02)23928185
傳 眞 (02)23928105
E-mail student.book@msa.hinet.net
網 址 www.studentbook.com.tw
登記證字號 行政院新聞局局版北市業字第玖捌壹號
定 價 新臺幣三五〇元
出版日期 二〇二五年元月初版
ISBN 978-957-15-1908-1

12104